Jordi Carrillo i Pujol

La lleialtat empresarial vers les entitats financeres

Jordi Carrillo i Pujol

La lleialtat empresarial vers les entitats financeres

Determinants i conseqüències

PUBLICIA

Impressum / Aviso legal
Bibliografische Information der Deutschen Nationalbibliothek: Die Deutsche Nationalbibliothek verzeichnet diese Publikation in der Deutschen Nationalbibliografie; detaillierte bibliografische Daten sind im Internet über http://dnb.d-nb.de abrufbar.

Información bibliográfica de la Deutsche Nationalbibliothek: La Deutsche Nationalbibliothek clasifica esta publicación en la Deutsche Nationalbibliografie; los datos bibliográficos detallados están disponibles en internet en http://dnb.d-nb.de.

Coverbild / Imagen de portada: www.ingimage.com

Verlag / Editorial:
PUBLICIA
ist ein Imprint der / es una marca de
OmniScriptum GmbH & Co. KG
Bahnhofstraße 28, 66111 Saarbrücken, Deutschland / Alemania
Email / Correo Electrónico: info@omniscriptum.com

Herstellung: siehe letzte Seite /
Publicado en: consulte la última página
ISBN: 978-3-8416-8274-1

Zugl. / Aprobado por: Barcelona, Universitat Politècnica de Catalunya, Tesis Doctoral, 2016

A la meva mare,
exemple de constància, dedicació i esforç

Des dels catorze anys, assajo deu hores diàries,
això, a la meva terra, li diuen "duende"

Paco de Lucía

Índex de continguts

Agraïments

Un projecte d'aquesta magnitud no seria possible sense el suport i ajuda de moltes persones. Algunes hi eren abans i d'altres les he anat trobant pel camí.

Imprescindible ha sigut el suport i l'acompanyament de la meva família, qui ha entès la importància d'aquest treball . Sempre al meu costat: Marta, Clàudia i Jan. No us demanaré que us el llegiu.

Sempre tindré presents als meus pares, que no podran compartir aquest moment amb mi. Gràcies pels anys que vau ser amb mi, us he de dir que se'm va fer curt.

A Morabanc, més que una empresa per mi ha sigut un suport amb el que sabia que podia comptar en tot moment. Agrair la seva col·laboració econòmica en el projecte. Entre d'altres, m'agradaria recordar aquí als meus caps i companys, Joan Carles Sasplugas, Enric Badia, Joan Llorens i Francesc Aroca.

Per tot el que he après, i el temps que hi he col·laborat, voldria tenir present també la UOC (Enric Serradell) i IESE Business School (Jose Antonio Segarra i Alberto Fernàndez Terricabras). Molt temps plegats i molta feina feta.

Ha sigut una sort poder comptar tot aquest temps amb la meva directora de tesi, Carme Martínez. Sempre disposada a donar un cop de mà i entendre perfectament totes les circumstàncies que han anat passant aquests anys.

Resum

La lleialtat ha sigut un tema profundament tractat per la literatura del màrqueting. De forma general s'entén com avantatjós poder comptar amb clients lleials per una empresa. I això és especialment important en les entitats financeres, que basen la seva relació amb els clients empresarials en el llarg termini. L'objectiu principal de la tesi consisteix en determinar fins a quin punt variables com la satisfacció del client, la imatge de l'empresa o l'acomodació creditícia ajuden a generar aquesta lleialtat. A més a més, s'aprofundeix en les conseqüències que se'n deriven i fins a quin punt aquest tipus de clients tindran menys sensibilitat al preu o recomanaran la seva institució financera a d'altres potencials clients. Finalment s'analitza quina percepció es té des de les empreses de com es desenvolupa el procés de concessió de crèdits de les entitats financeres. Utilitzant un model lineal de regressió múltiple i simple, s'obtenen conclusions contrastades sobre l'impacte que té en la lleialtat del client la seva satisfacció i la imatge que tingui de la seva entitat financera.

Abstract

Loyalty has been one of the most studied concepts in the marketing literature. Generally speaking, loyalty clients have been considered an advantage for every company. It's especially important for financial institutions, because they are focused in the long term regarding their clients. The main objective, we must determine is how customer satisfaction, image and credit accommodation affect loyalty generation. Therefore we focus to understand the consequences of loyalty. To what extent, loyalty clients are less sensitive to price or practice word-of-mouth with their acquaintances. Finally, we also analyze what company customers think about the credit concession process done by their the financial institutions. Using a multiple and simple linear regression model contrasting conclusions about the impact on customer loyalty and satisfaction picture of your financial institution are obtained.

Llistat de taules

Llistat de figures

Definició i aclariment terminologia

Aquest apartat està pensat per aclarir aquells conceptes que s'utilitzen al llarg de la tesi doctoral. No és la intenció fer-ne una descripció de totes les particularitats dels termes sinó tan sols contextualitzar en quina manera es fan servir durant la redacció del text.

Actiu bancari: préstecs i actius on han invertit les entitats financeres els seus propis recursos i els dels seus clients.

BME: empresa Borses i Mercats Espanyols, dedicada a la gestió i regulació dels mercats de valors espanyols.

Business-to-business: relació empresarial que s'estableix entre dues empreses com a client i proveïdor. Són les que s'estudien en aquesta tesi.

Business-to-Consumer: relació que les empreses mantenen amb consumidors particulars, persones físiques.

Crisi bancària: tota la problemàtica viscuda pel sistema financer espanyol entre els anys 2008 i 2014 aproximadament i que suposà la pràctica desaparició de les caixes d'estalvi, i la modificació de tot el panorama financer espanyol.

Crisi subprime: problemàtica derivada del massiu impagament d'hipoteques d'alt risc que es produí als Estats Units i que fou un dels iniciadors de la crisi de l'any 2008.

EBITDA: en la present tesi s'entén com el benefici de l'empresa sense comptar amortitzacions, impostos ni interessos.

Entitat financera: es fa servir indistintament aquest terme amb els d'intermediari financer o banc, per evitar una excessiva repetició de cap d'ells.

En termes generals ens referirem als bancs, i de forma concreta, els que operen en el mercat espanyol. Si bé també s'inclouen les caixes d'estalvi, cooperatives de crèdit i altres empreses amb funcions similars. Aquest terme fa referència a les entitats de dipòsit i alhora autoritzades per la prestació de serveis de crèdit. Queden excloses les entitats financeres de crèdit, emissores de diner electrònic i altres empreses que només presten una part dels serveis esmentats.

Hard information: es tracta de la informació que una entitat financera pot obtenir dels estats financers de l'empresa i altra documentació normalitzada que aquesta genera. La informació pública o de més fàcil accés.

Hold-up problem: problema que es pot generar entre dues empreses quan la seva relació es tan estreta que els hi crea alguna mena de dependència.

Lehman Brothers: important banc d'inversió que feu fallida l'any 2008 i agreujà la crisi financera existent en aquell moment.

Línia de finançament: límit de crèdit disponible que té una empresa en una entitat financera.

Passiu bancari: fa referència als fons de tercers captats per les entitats financeres. Són els diners que clients dels bancs i altre tipus d'inversors hi tenen dipositats.

PIME: petita i mitjana empresa. Per exclusió, totes les empreses que no siguin grans corporacions en sentit ampli.

Provisions comptables: operacions que comptablement s'entenen com una despesa si bé no suposen cap sortida de caixa per l'empresa.

Ràtio de morositat: import dels crèdits, mesurats en percentatge, que no són tornats a l'entitat financera, en el període estipulat contractualment.

Risc de selecció negativa: fa referència a la problemàtica que pot derivar-se per una empresa d'atreure clients no desitjats.

SICAV: societat d'inversió variable. Instruments de gestió de patrimonis d'import elevat.

Soft information: és la informació que es coneix mitjançant la relació que l'entitat financera té amb l'empresa, generada per la pròpia relació amb aquesta: visualitzant els seus moviments al compte o coneixent qui són els seus clients i proveïdors.

Venda creuada: possibilitat de poder vendre més productes a una persona o empresa que ja és client.

Introducció

Aquesta investigació s'enquadra en el màrqueting del sector financer, i d'una forma molt específica en aquell que té a veure amb la relació de les empreses amb les seves entitats financeres. S'inclou en l'anomenat màrqueting relacional, doncs els vincles que s'estableixen amb les entitats financeres tenen uns llaços forts i duradors (Santesmases, 2011). No endebades parlem de la *nostra entitat financera* remarcant així el lligam que hi tenim.

Els anys durant els quals s'ha desenvolupat aquest estudi han coincidit plenament amb la transformació del sistema financer. Durant el període comprès entre 2008 i 2015 cal recordar que s'han viscut moments d'important transcendència: restricció creditícia, la pràctica desaparició de les caixes d'estalvi o transformació en bancs, i un important desembors de fons per part de l'estat per evitar la fallida del sistema entre altres esdeveniments importants. En un ordre més social, s'han vist les diferents imputacions i àdhuc algunes condemnes de directius bancaris per la seva gestió durant la crisi.

La confiança en unes institucions tan transcendents en l'economia com els bancs ha quedat malmesa per tots els esdeveniments passats. A nivell internacional, un dels estats més afectats ha sigut Espanya. Com apunten els autors (Hurley, Xue, Waqar 2014), s'ha fet palès aquest canvi en dos aspectes fonamentalment: la confiança en els bancs ha anat caient progressivament i de forma especial en els últims anys i la banca és actualment una de les indústries en les que menys es confia. Una indústria en la que un dels seus pilars precisament és la confiança (Boot, 2000) (Dahlstrom, Nygaard, Kimasheva, i M. Ulvnes, 2014).

La importància del sector financer no és discutible en l'economia espanyola. No només per la seva funció catalitzadora dels fluxos econòmics sinó també per la seva funció com a prestador. Segons les dades de l'Institut Nacional d'Estadística, en el primer trimestre de 2015, el sector financer tenia un volum de crèdits concedits superior a 1,7 bilions d'euros (excloent els concedits a les administracions públiques).

Tenint en compte aquests factors, la present investigació, partint del concepte central de la lleialtat, vol aprofundir en els determinants i les conseqüències d'aquella en les empreses vers les seves entitats financeres.

La lleialtat és un atribut buscat per totes les empreses per part dels seus clients, i el sector financer no n'és una excepció (Veloutsou, Daskou, i Daskou, 2004). Un concepte que ha sigut clàssicament estudiat (Day, 1969) i d'una forma repetida (Joseph N. Fry, David C. Shaw, 1973).

En quant als generadors de lleialtat se'n tenen presents tres específicament en aquesta tesi: la satisfacció del client, la imatge i l'acomodació creditícia.

El primer d'ells ha sigut abastament estudiat en la literatura acadèmica (Oliver, 1980) (Giese i Cote, 2009). Aconseguir la satisfacció dels clients és un objectiu al que poques empreses estan disposades a renunciar. Tampoc les entitats financeres les quals no es troben en un sector amb alts índex de satisfacció (Epsi, 2012).

La imatge per la seva part cobra una major importància donada la situació actual i els esdeveniments passats els darrers anys. La culpabilitat de les pròpies institucions financeres en la generació de la crisi (especialment amb la laxitud que s'aprovaren finançaments vinculats al sector promotor d'habitatges) és un tema que ha estat i està encara en l'agenda política. Així com l'actuació d'alguns directius bancaris comentada.

Cal fer també esment de determinades actuacions que han tingut un impacte directe en l'opinió pública. Per una banda, la quantitat de desnonaments realitzats i que es segueixen produint. I per altra part, la massiva venda de productes d'estalvi (entre altres les participacions preferents o deute subordinat) que en molts casos han tingut dificultats per ser liquidats per part dels clients.

Per tot plegat, la imatge es situa també com una de les principals preocupacions de les entitats financeres (Boulding, 1956) (Kotler, 2003).

Finalment, l'últim determinant escollit és una aportació que vol fer aquesta investigació a la literatura acadèmica. Si bé l'anomenada acomodació creditícia ha sigut tractada des del punt de vista de les finances, la perspectiva de fer-ho des del màrqueting és una nova aproximació al concepte. Si la necessitat d'obtenir crèdit per part de les empreses és tan important per a la seva supervivència i per al seu creixement, la pregunta que ens fem és fins a quin punt això els vincularà amb aquelles entitats que els hi concedeixin.

Aconseguir un préstec per part de les empreses de mida mitjana és una preocupació que s'ha destacat sovint en les investigacions realitzades sobre el finançament empresarial (Degryse i Van Cayseele, 2000). Si més no, aconseguir préstecs a uns preus que es puguin permetre els seus comptes de resultats.

Com a concepte central de la tesi estudiem la lleialtat. Aquesta té dues dimensions que són la actitudinal i la de comportament (Dick i Basu, 1994). És a dir, aquell que sigui lleial ho serà tant amb la seva actitud envers l'entitat financera com en el seu comportament. I en aquest, sentit es plantegen les dues conseqüències de la lleialtat en aquesta investigació.

Per un costat s'estudia la recomanació positiva d'un proveïdor financer. Aquesta variable també és present en els objectius empresarials perquè suposa una inversió sense cost i amb retorn per l'entitat financera (Lin i Lu, 2010). En el cas de la present investigació, es contempla aquesta recomanació sense que hi hagi cap recompensa per part de l'empresa recomanada.

Com a última conseqüència es planteja la sensibilitat al preu que puguin tenir aquells clients que són lleials. Aquesta és una variable quantitativa i d'impacte directe en el compte de resultats de les entitats financeres doncs si fos així, per la prestació d'un mateix servei l'entitat financera podria cobrar un major import, mantenint el client (Pessemier, 1957) (Anderson, 1996).

Finalment i tenint en compte que els que respongueren l'enquesta eren directors financers i tresorers d'empresa, s'afegí en el qüestionari un annex amb preguntes referides exclusivament al procés de concessió creditícia i la percepció que es té d'ell des de la vessant empresarial. Aquesta és la tercera part de la investigació que es presenta en aquesta tesi.

Aquesta és una investigació que vol ser una aportació directa a la gestió empresarial. Si bé existeixen estudis que relacionen les empreses amb les seves entitats financeres, aquests es fan habitualment des d'una vessant quantitativa, d'anàlisi de magnituds econòmiques. En el nostre cas, es fa un apropament a la realitat empresarial preguntant a aquells que en tenen la resposta doncs són qui tracten habitualment amb les entitats de crèdit; comencen les relacions, negocien condicions i en alguns casos han de deixar-hi de treballar.

Justificació per l'elaboració de l'estudi

El principal motiu per realitzar aquesta investigació és la importància dels conceptes que s'estudien en ella. Tant des del punt de vista del màrqueting com des de la vessant empresarial.

Es tracta de conceptes multidimensionals, amb molts matisos i que no tenen uns límits clars. En la literatura acadèmica han sigut àmpliament tractats però no s'han aconseguit definicions completes i que suscitin un ampli consens.

La importància d'aquests conceptes en relació a les entitats financeres radica en primer lloc en l'enorme transcendència que el sistema financer i els seus actors tenen en el funcionament de les empreses.

No és que no existeixin investigacions relacionades amb el sector financer, sinó que hom es troba que en la majoria dels casos són fets al voltant de qüestions macroeconòmiques. Així, entre d'altres, el Banc d'Espanya publica diferents estadístiques sobre l'evolució del crèdit o l'Institut Nacional d'Estadística recull dades referents al nombre d'empreses segons diferents tipologies existents. Però no és senzill trobar estudis que relacionin aquestes dades amb les pròpies de gestió de les empreses i les complementin amb respostes directes dels seus responsables financers.

De fet, es destaca freqüentment la dificultat que hi ha per aconseguir la resposta del directiu empresarial encarregat d'aquestes qüestions (Tyler i Stanley, 1999b). Aquestes persones no acostumen a tenir una projecció pública com ho pot tenir el primer executiu de l'empresa i poden tenir certa reticència a respondre qüestionaris per evitar difondre informació confidencial de l'empresa.

Així doncs, la seva recerca i col·laboració no és una tasca fàcil però sí important degut a la qualitat de la informació amb la que treballen. No és suficient obtenir la resposta per part de qualsevol treballador d'una empresa, o d'una persona sense capacitat decisòria, sinó que cal conèixer les percepcions d'aquell que representa l'empresa davant les seves entitats financeres. És d'aquesta manera que podrem parlar amb propietat llavors de la opinió de "l'empresa".

Cal afegir també que els estudis no són abundants en l'àmbit geogràfic català o espanyol sobre les percepcions dels consumidors bancaris, i encara que n'hi ha, en la majoria dels casos es fan basant-se en els consumidors particulars, i no en les empreses. Aquesta falta d'interès en els clients corporatius es destaca en estudis fets en altres àmbits geogràfics (Marinković i Senić, 2012) (Tyler i Stanley, 1999b)

Altres treballs al voltant de la lleialtat de les empreses, de metodologia qualitativa, ja comentaven que seria interessant fer-ne algun de més extens i en altres àrees geogràfiques, doncs aquell s'havia limitat a Hong Kong (Lam i Burton, 2006).

Aquesta mancança no té sentit si tenim en compte que el sector empresarial té una gran importància per les entitats financeres tant pel seu volum de negoci així com la rendibilitat que comporten les seves operacions.

I alhora això comporta que les entitats financeres tinguin poc coneixement de la percepció que tenen d'elles les empreses.

En segon lloc, i lligat a l'argument anterior, és important aquesta investigació per la rellevància que tenen els conceptes que s'investiguen. L'interès acadèmic i pràctic que desperta saber més sobre la satisfacció del client, imatge, la lleialtat, la recomanació positiva del proveïdor o la sensibilitat al preu es justifica en altres apartats d'aquesta tesi.

En tercer lloc, és interessant la realització d'aquesta tesi per la importància d'un concepte tan poc tractat com l'acomodació creditícia. La concessió de crèdit ha sigut destacada en moltes ocasions com una de les majors preocupacions dels empresaris i en la present investigació es vol treballar des del punt de vista del màrqueting, estudiant de quina forma vincula un client amb la seva entitat financera la concessió d'una operació de crèdit.

Així doncs, es detecta una asimetria entre la importància que té el crèdit bancari per l'estructura financera de l'empresa i els pocs estudis que al seu voltant s'han fet sobre quina percepció en té el prestatari, més enllà de la necessitat que en pugui tenir pròpiament financera.

Per últim, es realitza un estudi concret sobre el procés de concessió creditícia. Per una part es desenvolupa un model teòric sobre el procés i per altra part es demana als directius financers quina és la seva percepció sobre el mateix.

Es tracta d'un apartat on es demanen diferents aspectes que s'han detectat com a preocupants per a les empreses en determinats casos. Amb la introducció dels mateixos en el qüestionari es tracta de determinar fins a quin punt són comunes aquestes percepcions.

La idea de la investigació en aquests termes parteix de la pròpia experiència de l'investigador, havent estat els últims quinze anys vinculat al sector financer. D'aquests, els últims 8 aproximadament amb exclusiva relació amb empreses, tractant amb el responsable financer de les mateixes. Posteriorment, amb el coneixement acadèmic sobre la matèria que s'anà adquirint perfilà definitivament el model i conceptes de la investigació.

Objectius de la tesi

Aquest estudi té la finalitat d'aprofundir en la lleialtat empresarial vers les seves entitats financeres. Si bé aquest ha sigut un concepte estudiat fins al moment, és cert que a Catalunya no hem trobat cap estudi significatiu en la matèria.

En segon lloc, es vol conèixer la relació que té el concepte d'acomodació creditícia amb la lleialtat, que no l'hem trobat estudiat de forma àmplia. Si més no des d'una perspectiva del màrqueting.

Aprofitant així també la dificultat d'obtenir les dades que tenim en aquest estudi s'ha volgut conèixer millor la percepció que en les empreses es té sobre el procés de concessió creditícia.

Aquesta tesi pretén aprofundir sobre els motius que major lleialtat generen en les empreses vers les seves entitats financeres. Partint de la importància que considerem té la lleialtat dels clients, es comparen tres possibles determinants: satisfacció del client, imatge i acomodació creditícia.

Per una altra part, també es vol estudiar les conseqüències que té obtenir aquesta lleialtat per part dels clients. En dos aspectes diferenciats, per un costat saber si el client adopta una determinada actitud (i parla bé de l'entitat financera al seu cercle de coneixements) i per un altre costat el comportament que té (si no és tan sensible al preu que se li aplica). Les conseqüències d'aquesta lleialtat tenen un impacte directe en els resultats de l'empresa.

Finalment hi ha una part d'investigació adreçada a l'aspecte concret de la concessió d'una operació de finançament, preguntant a les empreses la impressió que tenen sobre tot aquest procés.

Tot plegat augmentarà la comprensió de les empreses i les entitats financeres per entendre millor quin és el seu paper en la relació que mantenen.

Organització de l'estudi

L'estudi consta de tres grans blocs.

En primer lloc, corresponent als primers dos capítols, hi ha una introducció general a la matèria objecte d'estudi.

Es tracta de situar el treball en el marc econòmic general i contextualitzar els principals conceptes que es tracten en el treball d'investigació. La proppassada crisi econòmica ha tingut un impacte directe en el sistema financer i aquest ha sofert importants modificacions en el període situat entre l'any 2008 i 2015. El sector ha vist desaparèixer importants actors com bona part de les caixes d'estalvis. El govern ha hagut d'assumir un paper molt important en la crisi, dotant d'important liquiditat a les entitats financeres per mitigar problemes de solvència.

El segon bloc, que correspon als capítols II a VII, està dedicat a fer un repàs de la literatura actual sobre els conceptes investigats. Es tracta de clarificar-los per situar-los correctament en el context. Partint d'un concepte central com la lleialtat es repassen tres dels seus possibles determinants (satisfacció del consumidor, imatge i acomodació creditícia) i posteriorment ens centrem en dues possibles conseqüències: la recomanació positiva d'un proveïdor financer així com la menor sensibilitat al preu que pugui tenir un client lleial.

Finalment es realitza l'estudi i s'extreuen les principals conclusions del mateix. L'estudi es divideix en tres apartats: en primer lloc es s'estudien els conceptes considerats com a determinants. En segon lloc es fa el mateix amb les conseqüències. En aquests dos es plantegen hipòtesis i es validen seguint la metodologia exposada.

I per últim es fa un estudi del procés creditici, és a dir, del procés de concessió de préstecs a les empreses. En aquest cas s'estudien els resultats, comentant-ne les principals conclusions extretes.

Finalment els últims apartats recullen conclusions generals, així com diferents àmbits on es considera que la investigació ha pogut aportar coneixement.

Capítol 1. La crisi econòmica i les seves conseqüències

Donada la temàtica que es tracta, és inevitable en la redacció d'aquesta tesi fer referència a la crisi econòmica iniciada l'any 2008 doncs el seu impacte modificà completament el mapa bancari espanyol i les seves conseqüències es seguien notant força anys després.

De fet, aquesta fou considerada la crisi internacional més greu des de la Gran Depressió. El 2013 es situà com el pitjor any degut a la falta de recuperació econòmica i l'esgotament que mostraven les empreses després d'haver suportat aquesta situació durant cinc anys. (Axesor, 2013)

Si bé acabà afectant a tots els sectors de l'economia, la crisi tingué dos actors destacats en el mercat espanyol: el sector constructor i el sistema financer. El primer sofrí una paràlisi que suposà pràcticament la seva desaparició, especialment en el que fa referència a la construcció residencial d'habitatges.

L'impacte de la crisi en els sectors immobiliari i constructor tingué un fort impacte en el conjunt de l'economia donat l'important pes que hi tenien aquests sectors. A nivell de producte interior brut però també pel gran nombre d'empleats que tenien.

El seu pes en el PIB espanyol era considerable en els anys anteriors a l'esclat de la crisi.

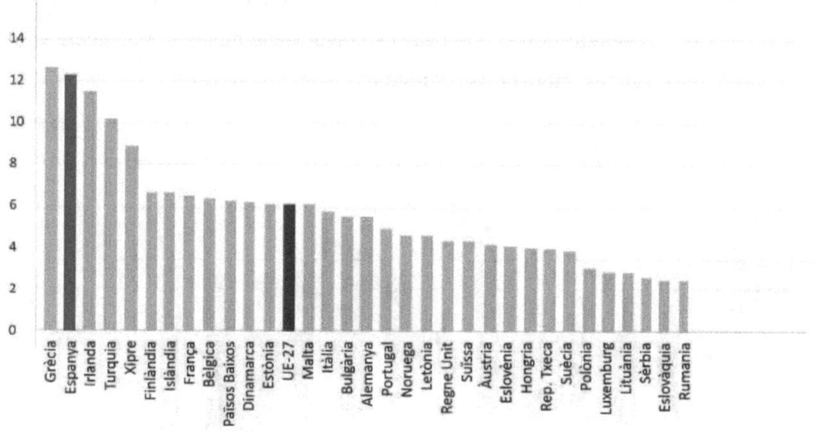

Figura 1. Pes de la construcció residencial en diferents estats l'any 2007.
Font: (Martínez Álvarez i García Martos, 2014)

La davallada que es produí en aquest tips d'activitats tingué un pes considerable en la reducció de l'activitat econòmica de tot l'estat.

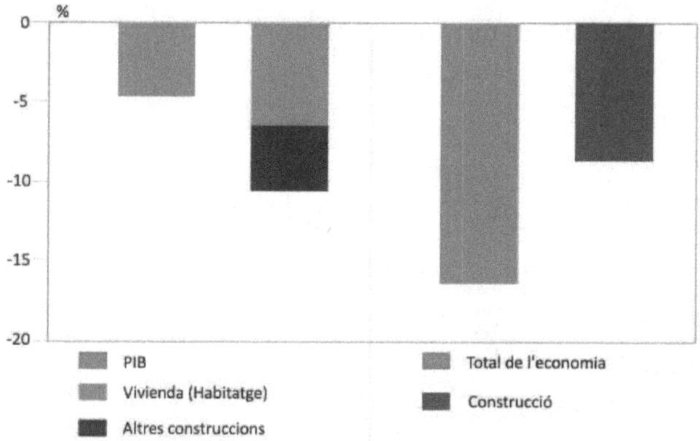

Figura 2. Aportació del sector de la construcció a la caiguda d'activitat i ocupació (2007 - 2014).
Font: (Malo de Molina, 2015)

Es pot fer la mateixa consideració en el cas del volum de persones ocupades. Com s'aprecia en el següent gràfic, en el cas espanyol tenia major importància aquesta situació que en altres importants economies desenvolupades.

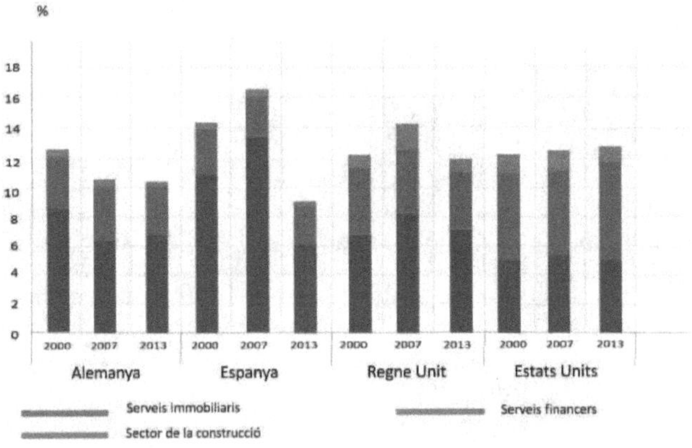

Figura 3. Pes dels diferents sectors en l'economia dels estats.
Font: (Hernando, 2015)

L'ocupació global en el sistema patí doncs un important sotrac, com es pot comprovar en la xifra global d'aturats que s'assolí.

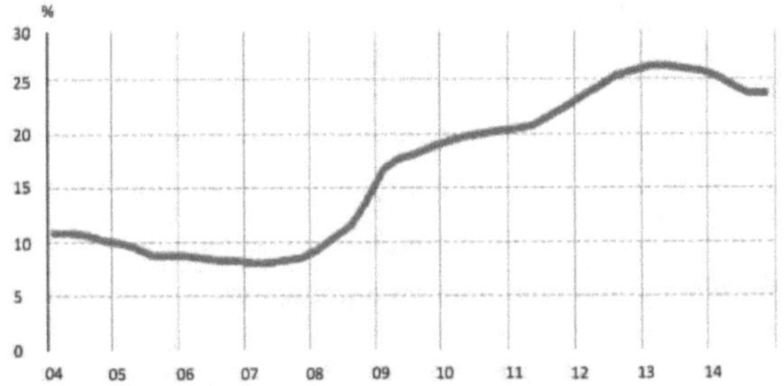

Figura 4. Evolució de la taxa d'atur en el període 2004 - 2014.
Font: (Malo de Molina, 2015)

	sectors							
					Serveis			Persones físiques
Anys	Total	Agricultura	Indústria (excepte construcció)	Construcció	Total	Sense activitats immobiliàries	Activitats immobiliàries	Adquisició i rehabilitació d'habitatges
2000	302.034	13.141	78.588	42.627	167.678	134.119	33.559	176.653
2001	330.591	13.320	82.959	46.412	187.900	146.061	41.840	205.790
2002	368.466	15.122	85.726	57.376	210.206	155.175	55.031	235.086
2003	411.986	16.402	85.829	65.784	243.972	165.991	77.980	275.958
2004	482.984	18.104	90.487	78.372	296.020	183.855	112.165	333.826
2005	604.061	20.738	104.695	100.761	377.867	215.780	162.087	448.687
2006	781.644	23.014	119.488	134.317	504.825	260.774	244.050	548.740
2007	943.087	25.245	141.571	153.453	622.818	319.304	303.514	623.540
2008	1.016.948	26.244	156.141	151.848	682.716	364.684	318.032	655.145
2009	991.363	23.123	152.199	130.438	685.602	362.618	322.984	654.566
2010	985.157	23.128	152.376	114.519	695.134	379.352	315.782	662.798
2011	944.058	21.782	143.246	98.546	680.483	382.160	298.323	656.452
2012	799.610	20.217	131.109	76.217	572.067	348.052	224.015	633.138

Figura 5. Pes dels diferents sectors en l'economia espanyola (2000 – 2013).
Font: (Malo de Molina, 2015)

En quant al sector financer, patí una important reestructuració que es concretà sobretot en una considerable reducció i concentració del sector, tant en nombre d'entitats financeres com la quantitat d'oficines que aquestes tenien o de persones contractades. I per altra banda es produí la pràctica desaparició de les caixes d'estalvi, com a participant d'aquest sistema.

1.1 La crisi econòmica de 2008

Sense entrar en les circumstàncies i l'abast mundial que tingué la crisi econòmica, i cenyint-nos només al cas espanyol i català, els seus efectes es notaren de forma més important durant el període 2008 -2014.

La crisi que s'inicia el 2008 fou precedida d'un període de creixement econòmic sostingut i gairebé sense inflació que es mantenia des de l'any 1993. En termes mundials, durant aquells anys, la taxa mitjana anual de creixement es situà sobre el 3%, incloent-hi els països emergents (Pernías Solera, 2015). A més a més, aquesta situació no anava acompanyada de taxes elevades d'inflació, el que portà a molts experts a tenir la percepció que s'estava entrant en una fase que es podia anomenar "d'aplanament", on tant les pujades com les baixades dels cicles econòmics serien més suaus.

En el cas espanyol, el creixement econòmic previ a la crisi superà de forma àmplia el dels seus aliats europeus. Alguns indicadors són molt clarificadors: el PIB creixé per sobre de la mitjana europea; durant el període 2005-2007 es presentà superàvit en els comptes públics; el nivell de deute públic es situà al voltant del 40% del PIB i la taxa d'atur arribà a nivells històricament baixos (Pernías Solera, 2015). Però com apunten altres estudis, aquest creixement portava implícita una problemàtica doncs anava acompanyat d'una baixa competitivitat en l'economia. Els imports més elevats d'inversió no anaven destinats cap als sectors més productius de l'economia, com podia ser el cas del tecnològic (García Montalvo, 2014).

En el moment d'establir les principals causes de la crisi, les opinions són molt variades. Si bé hi ha alguns factors en els que hi ha un ampli consens. Un dels motius freqüentment citats, que en part es donà per l'èxit que suposà la introducció de l'euro, fou la progressiva reducció del preu que es produí en els tipus d'interès a llarg termini. Aquesta decisió presa per les autoritats europees, comportava dues conseqüències principals.

Per un costat, augmentava els fluxos de capital en l 'economia. Hi havia més diners que calia invertir en algun lloc. I alhora es reduïa la retribució dels actius financers tradicionals de millor qualitat, com havien sigut per exemple els dipòsits bancaris. Per un altre costat, això suposava que també es tornés més econòmic el finançament per a particulars i empreses.

Com posteriorment es veuria, aquesta combinació entre diners i finançament barat tingué majoritàriament com a destinació el sector immobiliari. El resultat de tot plegat fou la generalització de una elevada taxa d'endeutament tant per particulars com per empreses. A tall d'exemple, el deute en el sector privat resident anà augmentant a una taxa del 15% de mitjana anual durant aquell període (Rodríguez Fernández, 2014)

Les conseqüències de la crisis a l'estat espanyol foren perceptibles a molts sectors. Als impactes econòmics directes sobre el PIB acompanyaren els problemes en l'àmbit social. Una important taxa d'atur, afegida a la dificultat d'accedir a un habitatge o en molts casos a perdre el que s'havia estat pagant durant anys. Tot plegat anava augmentant progressivament una escletxa social que ja existia amb anterioritat (V.V.A.A, 2012).

1.2 La crisi financera en el sector bancari.

El sector bancari espanyol l'any 2015 encara arrossegava trets propis de la crisi iniciada el 2008. De fet, segons dades del Banc Central Europeu, durant l'últim trimestre de 2013 la demanda de crèdit era dèbil en termes generals, sent encara més acusada la caiguda en el que feia referència a les empreses no financeres (Bank, 2014)

L'endeutament de les empreses i famílies espanyoles comentat anteriorment havia sigut suportat i animat pel sistema financer. Aquest, amb un fàcil accés als mercats de capital internacionals gràcies a la integració en la moneda única, ràpidament passà dependre en bona part dels seus dipositants, a fer-ho dels mercats de capital estrangers.

Quan sorgiren les primeres inestabilitats del sistema financer mundial (anys 2007 i 2008), aquestes s'expandiren a gran velocitat per tots els continents. El sistema financer estava ja perfectament connectat a nivell mundial i la transmissió dels problemes fou gairebé immediata. Ajudà també la progressiva desregulació que s'havia anat produint en els mercats, acompanyada d'una tecnologia que eliminava totalment les distàncies geogràfiques i temporals.

En el cas espanyol, aquests problemes posaren en evidència la debilitat del seu sistema financer, que inicialment havia menystingut l'abast de la crisi. El setembre de 2008, el llavors president del govern espanyol Rodríguez Zapatero havia assegurat que el sistema financer espanyol era *"el més solvent del món"*.

Però en realitat, les turbulències en el món financer d'aquests dos primers anys, iniciades arrel de l'anomenada crisis de les "subprime" i la fallida de Lehman Brothers, es traslladaren ràpidament a les entitats de crèdit espanyoles. Aquestes mostraren aviat la feblesa en la seva capitalització, fet que s'agreujava a l'augmentar de forma dràstica la ràtio de morositat.

El Banc d'Espanya, en la mateixa línia que l'administració espanyola, considerà inicialment que es trobaven davant una crisi breu i d'impacte contingut i les seves primeres mesures foren en aquesta línia en relació al sector bancari.

García Montalvo (2014), considerà que hi hagué dues fases en la reestructuració financera:

La primera fase abastaria fins a finals de 2011, amb mesures a curt termini que es centraven en fusionar entitats del sector entenent que així es reforçava la imatge de bancs i caixes i guanyaven en solvència. Aquesta mesura posà en evidència en molts casos l'extensió que aquesta problemàtica havia tingut.

Finalment el 2012 es prengueren mesures més adients a la realitat, especialment al demanar a les entitats financeres que fessin provisions comptables en funció de la depreciació real dels actius que estaven patint. Aquest dèficit de capital es compensà mitjançant aportacions d'inversors exteriors en pocs casos, i en la majoria de situacions hagué de ser l'administració (espanyola o europea) qui assumís aquest cost. L'estat espanyol, en el seu cas concret, adoptà un programa de reformes, amb l'assistència de la Unió Europea, que incloïa una línia de finançament de 100 mil milions d'euros dels quals només se'n feren servir 40 mil (OCDE, 2014).

Cal recordar que els que tenien major exposició al sector constructor i per tant majors problemes financers, les caixes d'estalvi, no podien accedir a fons exteriors per a capitalitzar-se, donada la seva naturalesa jurídica. Les mesures en aquest sentit hagueren de ser especials. La major part d'elles, utilitzant diferents fórmules, acabaren convertides en bancs.

A nivell esquemàtic, l'actuació governamental en aquest assumpte es podria resumir en el següent quadre:

Juny 2009	**Creació del FROB**
Maig 2010	Enduriment de les provisions de la circular 4/2004
Juliol 2010	Reforma de la regulació de les caixes d'estalvi
Febrer 2011	Increment dels requeriments de capital per institucions creditícies
Juliol 2011	Publicació de les proves de resistència europees
Febrer 2012	Augment de les provisions per actius immobiliaris (Guindos I)
Maig 2012	Augment de les provisions per actius immobiliaris no problemàtics (Guindos II)
Juny 2012	Publicació dels resultats de l'anàlisi top - down de les entitats espanyoles
Juliol 2012	Memoràndum of understanding
Agost 2012	Mecanisme de reestructuració i liquidació d'entitats financeres
Setembre 2012	Resultats del test d'estrès d'Oliver Wyman (bottom -up)
Desembre 2012	Creació de la SAREB. Recapitalització i transferència d'actius a SAREB: entitats grup 1. Aprovació recapitalització entitats Grup 2
Febrer 2013	Transferència a SAREB dels actius immobiliaris d'entitats del grup 2
Març 2013	Recapitalització: entitats grup 2
Maig 2013	Circular sobre provisions de crèdits refinançats / reestructurats
Març 2014	RDL sobre Mesures Urgents de Refinançament i Reestructuració del Deute Empresarial

Taula 1. Cronograma de la crisi del sistema financer espanyol.
Font: (García Montalvo, 2014)

Com comentàvem anteriorment, una de les mesures que es prenen inicialment comportà un important moviment de fusions i absorcions per part de les entitats financeres, amb la conseqüència lògica de la reducció d'oficines i personal.

Tradicionalment el sector financer espanyol s'havia caracteritzat per una important bancarització, amb una presència percentualment superior d'empleats i oficines del sector que els seus veïns europeus.

De fet, cal recordar que el sistema bancari espanyol és el que presentava una ràtio més elevada d'oficines per nombre d'habitants (BBVA Research, 2013)

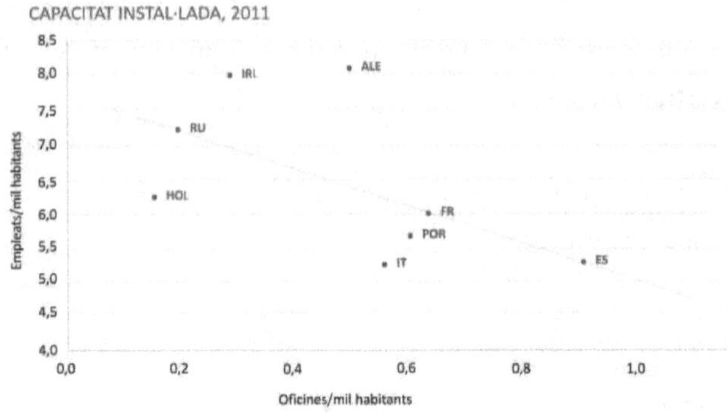

Figura 6. Comparativa entre estats de la capacitat bancària present.
Font: (BBVA Research, 2013)

Tots els problemes esmentats portaren a que el sector es reduís de forma important a l'estat espanyol durant el període 2008-2014, amb el tancament de gran nombre d'oficines bancàries i reducció del personal en les entitats financeres.

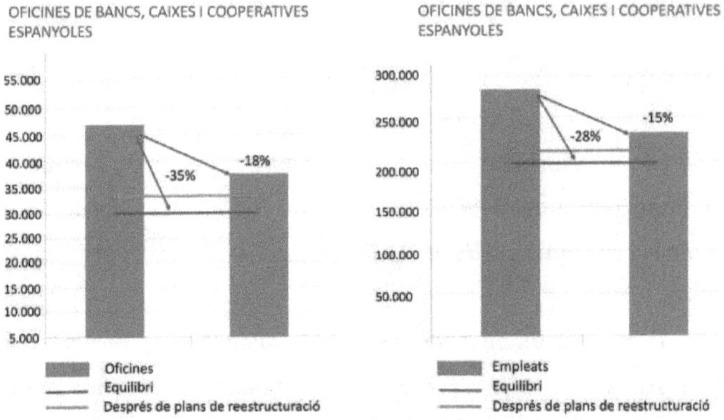

Figura 7. Evolució del nombre d'empleats i oficines bancàries en l'estat espanyol.
Font: (BBVA Research, 2013)

La majoria d'anàlisis coincidien en que el sistema ja venia sobredimensionats per les altes taxes de creixement dels anys anteriors i semblava que encara tindria sentit una nova reestructuració per adaptar-se a un mercat que s'anava fent més petit. No només això, sinó que la irrupció de les noves tecnologies, cada cop anava reduint la necessitat de tenir una presència física tan important

Les conseqüències en el sector financer es poden dividir en tres blocs. En primer lloc, una important concentració, que posà en mans de cinc entitats la major part del volum de negoci. En segon lloc, les caixes d'estalvi pràcticament desaparegueren com actors del sector; ja fos per la seva absorció inicialment o per la seva transformació posterior en bancs. I finalment, s'estengué la percepció que calia una major regulació. En aquest sentit es seguiren modificant els anomenats acords de "Basilea", adreçats a reforçar la solvència i liquiditat dels participants en el sector financer.

1.3 La restricció creditícia i el seu impacte en el sistema empresarial espanyol

Associat a la crisi financera comentada anteriorment, un dels principals impactes que es notaren en el sector empresarial fou l'anomenada restricció creditícia. És a dir, la major dificultat que es trobaren tant les empreses com els particulars per obtenir un crèdit de les entitats financeres.

Com s'aprecia en el gràfic següent, a mesura que passaven els anys s'anava notant de forma més intensa.

Ja fos per sectors,

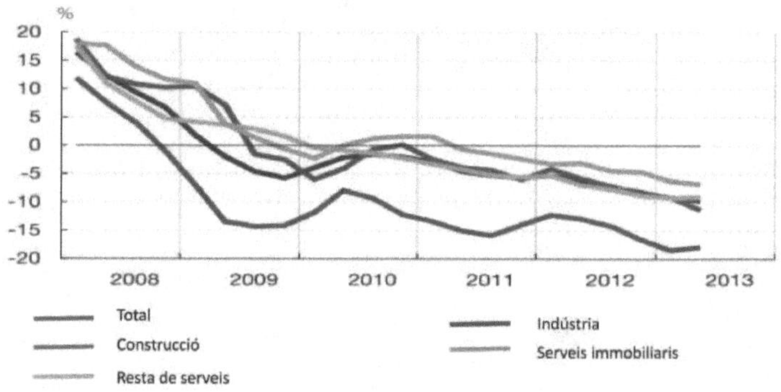

Figura 8. Evolució del crèdit en els sectors productius de l'economia espanyola en el període 2008 - 2013.

Font: (Ayuso, 2013)

O en el conjunt de l'economia,

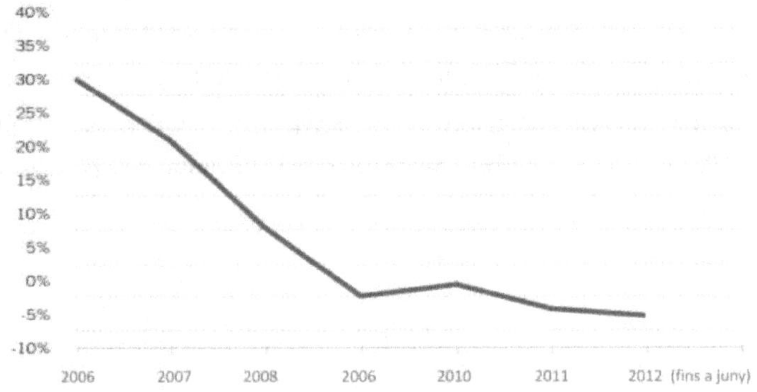

Figura 9. Evolució del crèdit en el conjunt global de l'economia.
Font: (Axesor, 2013)

La crisi econòmica iniciada el 2008 suposà un canvi de paradigmes en les relacions creditícies entre empreses i entitats. No només en la reducció que es produí en la concessió de crèdits, sinó també en els nous requeriments i exigències que es feien a les empreses, que es poden apreciar en el següent quadre, en la columna de les operacions "parcialment aprovades".

	2007			2010		
	Aprovades	Parcialment aprovades	Refusades	Aprovades	Parcialment aprovades	Refusades
Bèlgica	92,4	5,4	2,2	83,1	11,2	5,7
Bulgària	87,0	9,9	3,1	42,5	22,0	35,5
Alemanya	85,3	8,0	6,7	75,9	15,9	8,2
Irlanda	96,9	2,1	1,0	53,2	20,2	26,6
Grècia	87,6	11,7	0,7	59,6	29,6	10,8
Espanya	87,3	9,7	3,0	59,1	27,8	13,2
França	94,5	3,6	2,0	83,3	9,7	7,0
Itàlia	86,6	12,21,2	1,2	78,4	16,7	4,9
Holanda	84,3	8,9	6,8	61,3	16,2	22,5
Finlàndia	98,1	1,9	0,0	95,9	3,9	0,2
Suïssa	84,2	7,0	8,7	79,7	14,1	6,1
Regne Unit	88,4	61	5,6	64,6	14,7	20,8

Figura 10. Comparativa dels diferents tipus de resposta en l'estudi d'operacions de crèdit.
Font: (J. Hernando & Pedroza, 2013)

A més a més, el problema de la restricció creditícia es destacava de forma més important a Espanya que a la resta de la UE (Menéndez i Murilo, 2015).

Com hem vist, la restricció creditícia es notà en tots els sectors. A nivell agregat, a gener de 2013 els crèdits a societats no financeres havien caigut un 8,5% interanualment, assolint així, el quart any de caiguda del volum de crèdits (J. Hernando i Pedroza, 2013). A grans trets, entre 2008 i 2013 el saldo de préstecs de les entitats de crèdit a les companyies no financeres espanyoles havia caigut un 36% (Martínez, 2014).

De fet, alguns altres estudis (Berges i Baliña, 2015), argumenten que en el període de crisi comprès entre 2007 i 2015, a Espanya no es reduí el volum de préstecs concedits pel sistema financer si bé n'havia canviat la seva composició. Per les empreses i particulars disminuí de forma important el crèdit en la mesura que va anar a parar al sector públic, aquest transvasament s'estimava que havia sigut aproximadament d'un 10% del volum total.

En aquest mateix estudi, indicaven que en xifres relatives al PIB, el volum de crèdit al sistema privat resident va arribar al 170% l'any 2007 quan havia començat l'any 2000 amb un pes inferior al 85%.

Les PIMES foren les que més patiren el racionament del crèdit. No només això sinó que al ser la tipologia d'empreses que més depenia del sistema creditici financer, no tenien el recurs dels mercats de valors, que quedaven reservats per les empreses de major mida.

Fonamentalment hi havia dues causes de la gran dependència del sector bancari. Per un costat, històricament hi havia una base poc sòlida de recursos propis en les empreses de menor mida. I per altra part, les microempreses presentaven una informació financera poc desagregada que aportava menor informació a terceres parts (Zubeldia i Lertxundi, 2011). Per tant, això suposava que els hi calgués anar a buscar finançament i només les entitats financeres podien valorar amb cert criteri el risc que comportaven les operacions, pel coneixement que podien tenir regularment de l'operativa dels seus clients. Els mercats de valors no tenien capacitat per accedir a aquest nivell de coneixement.

L'any 2014 la situació millorà respecte a l'accés al finançament. Si el 2012 el 25% de les empreses ho destacaven com un factor limitador per al seu desenvolupament, entre octubre de 2013 i març de 2014 aquest percentatge ja havia baixat al 13%. Els nombres ja començaven a ser semblants als de la zona euro (España, n.d.). Altres estudis anaven en la mateixa línia, indicant que des de finals de 2013, la tendència era positiva en la concessió de crèdit (BBVA Research, 2015).

Per la part de les empreses, les seves preocupacions eren,

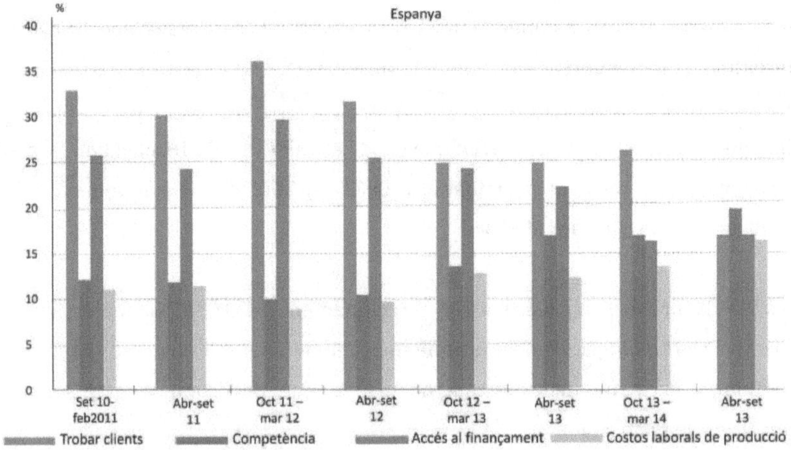

Figura 11. Principals preocupacions de les empreses espanyoles.
Font: (España, n.d.) Boletín Económico Banco España 02/2015

Afegit a aquest problema hi havia l'encariment de les condicions bancàries per aquells que rebien el finançament (Menéndez i Murilo, 2015). Tot plegat, en un moment d'important crisi econòmica, no facilitava la recuperació empresarial.

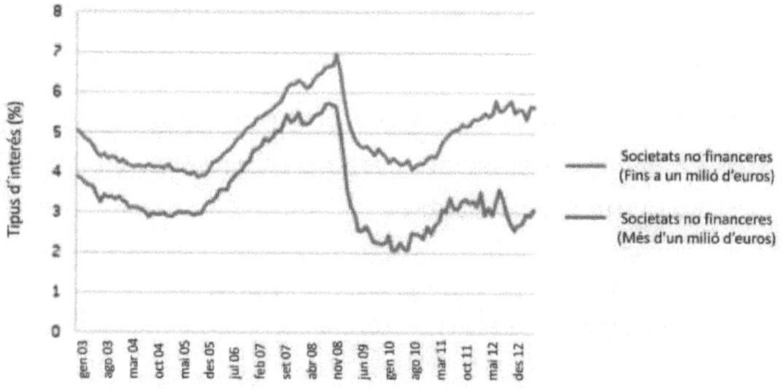

Figura 12. Evolució del preu dels crèdits a societats en el període 2003 - 2012.
Font: (Hernando i Pedroza, 2013)

Aquesta situació millorà considerablement durant l'any 2014. En aquell any, havia baixat fins el 35% les empreses que asseguraven que els hi havien augmentat els seus preus en el finançament bancari, quan l'any 2012 eren el 73% de les mateixes (EADA-CEPYME, 2015).

Posteriorment, les dades de 2015 confirmaven una millora substancial de les condicions econòmiques.

Aquesta millora en l'accés al finançament tingué a veure amb una situació particular que es donà en el si la UE. Al març de 2015 el Banc Central Europeu va posar en marxa un programa de recompra de bons governamentals que estaven en possessió de les entitats financeres europees. Aquest programa, anomenat Quantitative Easing, a efectes pràctics suposava una important injecció de liquiditat en el sistema, amb l'objectiu de facilitar l'accés al crèdit tant de particulars com d'empreses. La seva durada es programà fins a setembre d'aquell any, amb un volum de compres previst de 60.000 milions d'euros cada mes.

Les empreses amb millor ràting, i per tant, les més desitjades per les entitats com a destinataris dels seus crèdits, notaren els efectes d'aquest programa en forma de rebaixa en els preus que pagaren. En els preus oferts per les hipoteques en la compra d'habitatge habitual per part dels particulars també es reflectiren aquelles rebaixes.

En la mateixa línia, les expectatives empresarials eren més optimistes. A finals de 2014, el 85% de les empreses considerava que l'any següent seria igual o millor que el que ja acabava (EADA-CEPYME, 2015).

1.4 El sistema financer espanyol en l'actualitat

Com es pot veure en el gràfic següent, en el panorama financer espanyol actual hi ha sis grups que destaquen per volum d'actius. Alhora, aquests es divideixen en dos grans grups: els que estan a prop o superen els tres-cents cinquanta mil milions d'actius i un segon grup amb tres entitats en la franja entre cent seixanta i dos-cents trenta mil milions d'euros. La resta d'entitats ja estan per sota dels cent mil milions.

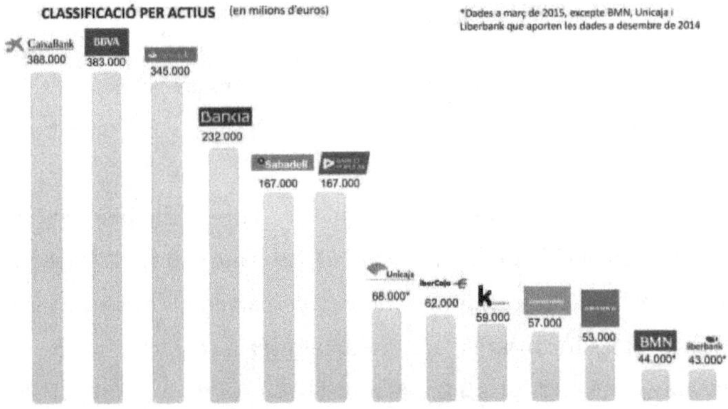

Figura 13. Mapa de posicionament de les entitats financeres per volum d'actius.
Font: Diari El País. 5 de juliol de 2015

Fruit de la crisi comentada anteriorment, el sistema financer espanyol patí una transformació absoluta en el període comprès entre els anys 2008 i 2015.

Des de 1993, que podríem considerar com la sortida de la crisi de principi dels anys 90, fins a principi de la crisi, les entitats havien viscut uns anys d'important creixement tant en nivell de volums gestionats com de punts de venda (sucursals bancàries). Aquestes augmentaren en unes deu mil ubicacions en el total del sector entre 1993 i 2008 (Tajadura, 2015).

Aquest és un fet que crida l'atenció si tenim en compte que durant aquests mateixos anys es produí una gran evolució a nivell tecnològic que afectà de ple al sistema financer. Es posaren en marxa nous canals d'atenció als clients com el telefònic o internet, que per la seva estructura, facilitaven l'atenció d'un nombre major de clients sense que calguessin punts d'atenció físics ni gairebé personal. Malgrat això, s'augmentaren de forma important els recursos tant en personal com en punts de venda.

La crisi financera transformà aquest panorama, amb una reducció de personal i oficines que tornaren el sistema financer a nivells dels anys noranta. Es reduïren en gran mesura el nombre d'entitats, bàsicament com a conseqüència de les fusions produïdes (veure gràfic més endavant). De forma especial, la transformació afectà a les caixes d'estalvi, que quedaren com un recurs gairebé marginal de sistema; si bé se'n mantenien 10 de les 45 existents, totes tenien un àmbit d'actuació molt centrat en les seves localitats d'origen i amb petits volums de recursos. En el mateix sentit es mantingueren algunes cooperatives de crèdit ja existents.

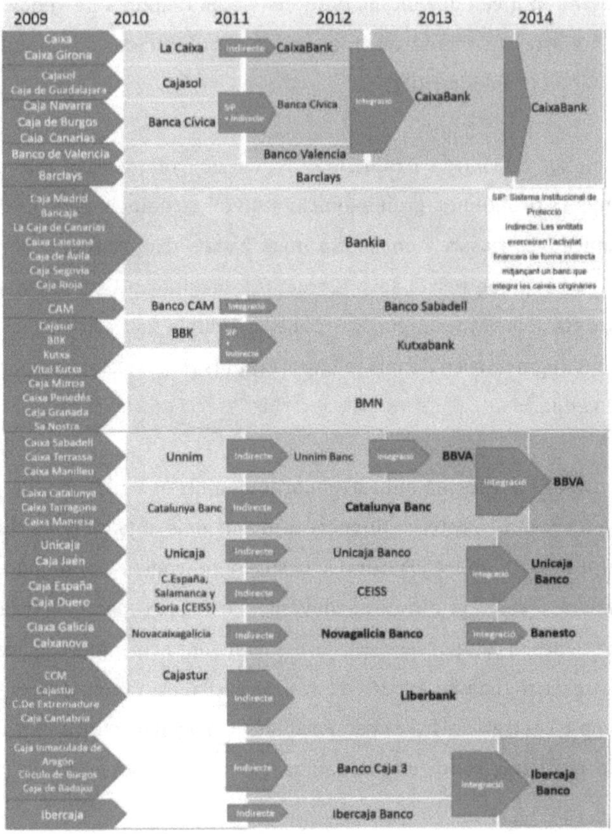

Figura 14. Mapa bancari posterior a la reestructuració financera.
Font: Diari Expansión 2-9-2014

La reducció de personal i oficines es notà de forma especial en les poblacions fora dels àmbits locals de les caixes d'estalvi. L'expansió d'aquestes, s'havia dirigit sobretot a les poblacions costeres i grans ciutats on hi havia hagut un desenvolupament més ràpid del sector immobiliari. Quan es produí el rescat financer del sistema financer l'any 2012, una de les condicions imposades fou que s'efectués una racionalització dels recursos d'aquestes entitats, i especialment que es fes una reducció dels punts de venda que estiguessin situats fora de l'àmbit més local de les caixes.

Com a conseqüència de l'anterior, es produí una important concentració a nivell bancari. Els tres principals grups bancaris passaven a representar gairebé la meitat del sistema. Aquestes dades, que tradicionalment no s'havien tingut al sistema financer espanyol, estaven en nivells semblants a les d'altres països europeus (Tajadura, 2015). Malgrat això, s'entenia que no suposaven una amenaça per la competència tenint en compte que hi havia un important nombre d'entitats financeres de mida mitjana que donaven suficients alternatives per escollir al consumidor.

A nivell agregat, el volum de crèdit s'havia anat reduint de forma important. L'excessiva ràtio d'endeutament que presentava l'economia espanyola calia reduir-la i per aconseguir-ho calia que progressivament s'anessin tornant els crèdits concedits, alhora que es restringís la concessió de nous. La situació de les empreses tampoc no era la més propícia per sol·licitar noves operacions de crèdit. I per sol·licitar finançament per a noves inversions calia complir uns estàndards molt elevats de solvència que estaven demanant els bancs als seus clients.

Les prediccions que es feien durant 2015 sobre l'evolució de la situació indicaven que aquesta reducció de volums hauria de continuar durant un temps fins que s'adeqüés a les xifres de creixement de l'economia. Si bé a l'inici de 2015 aquesta mostrava signes d'anar millorant, les xifres no eren excessivament optimistes.

Una altra conseqüència que ja estava mostrant-se a principis de 2015, era la necessària gestió més acurada que s'havia de fer del risc. En aquest sentit, els patrons de concessió dels préstecs s'havien de fer més restrictius. Els anteriors paràmetres, més laxes en les ràtios d'endeutament de les empreses, havien mostrat que una sobtada restricció creditícia podia tenir uns efectes devastadors en el teixit empresarial. Això només es podia evitar si les empreses que demanaven un crèdit tenien major capacitat de retorn i un nivell menor d'endeutament.

Relacionat amb l'anterior, el cost de crèdit havia d'ajustar-se millor al risc concedit. Una gran pressió entre els competidors havia generat una guerra de preus que pràcticament havia igualat el cost financer per tots els clients i totes les operacions.

Aquesta situació no tenia sentit com es veié posteriorment. En aquest sentit, s'havien de prendre mesures per evitar que tornés a succeir. I si més no, si tornava a pujar la ràtio de morositat, almenys que fins llavors cada client hagués estat pagant el preu que li correspongués segons el seu nivell de risc.

El passiu bancari, és a dir, els dipòsits dels clients, també havien de tenir un tractament diferent. En dos sentits. Per una part, els preus havien de mantenir relació amb la retribució que estaven obtenint els bancs pels crèdits. El marge financer de les entitats ve de la diferència entre el preu al que es cobren els crèdits i el que es paguen els dipòsits; un marge que en alguns moments, fruit de la situació competitiva esmentada anteriorment, arribà a ser negatiu pels prestadors.

Per una altra part, també es posà en evidència que s'havien venut productes financers d'estalvi, que havien mostrat un alt nivell de risc, a clients que no havien entès la seva complexitat. Aquesta situació havia de ser corregida posant més exigència en els coneixements que els clients havien de tenir per poder adquirir determinats productes (avaluant millor la tolerància al risc del client i fent que aquest superés un test de coneixements financers).

A nivell estructural, les entitats financeres es trobaven amb la perspectiva d'una situació futura que anava a canviar la seva forma tradicional d'entendre el negoci. La diversificació tant geogràfica com a nivell de producte, s'havia revelat com una arma competitiva contra les possibles situacions de crisi en el futur. Els mercats financers també ho havien entès així, penalitzant les entitats amb majors concentracions de negoci a nivell geogràfic.

Per un altre costat, arran de la crisi, s'havia generalitzat la idea que calia ampliar i millorar la regulació del sector, ampliant la supervisió del mateix. A partir d'aquell moment, serien les autoritats europees que portarien a terme aquesta vigilància, renunciant els estats a exercir aquesta funció.

Com efecte de l'anterior, se'ls exigia a les entitats financeres majors requisits de capital, especialment a les entitats anomenades *sistèmiques*, aquelles que tenien major importància en el sistema perquè el si es trobaven en dificultats, els seus problemes tenien un impacte a nivell global.

Era necessari que les entitats comptessin amb una major solvència. Aquesta s'aconseguia augmentant el seu capital. A més a més, calia que tinguessin capital disponible (es a dir, en efectiu), que es pogués fer servir per assumir pèrdues inesperades si es donava el cas. Per tant, els càlculs de solvència no podien tenir en compte apunts comptables que reflectissin drets de cobrament futurs però que no fossin exigibles immediatament (com seria el cas dels crèdits fiscals).

Tot plegat incidí plenament en la rendibilitat de les entitats, que amb majors exigències de capital i altres restriccions en el seu negoci, veieren com es complicava la formulació del seu compte de resultats. El creixement de volums no semblava tampoc que fos una alternativa factible a mig termini que li pogués aportar la rendibilitat perduda per altres circumstàncies.

Finalment quedava l'interrogant de saber quin impacte tindria el canal digital en el sector. Malgrat existir una àmplia corrent de pensament que considerava que havia de canviar de forma radical el sistema, fins llavors les grans inversions que s'havien realitzat en ella no havien donat els fruits esperats. Si finalment acabava entrant amb la força esperada, hauria de tenir un profund impacte en les estructures de totes les entitats del sector.

Capítol 2. Màrqueting dels serveis financers

2.1 Màrqueting de serveis

Ja des de finals dels anys 60 es considerava que el màrqueting havia d'ampliar el seu àmbit d'actuació més enllà dels productes de consum (Kotler i Levy, 1969). Que no s'havia de tenir en compte tan sols per comercialitzar una pasta de dents o una beguda refrescant sinó també per les activitats que desenvolupessin organitzacions no governamentals o una escola, per exemple.

En el món occidental, els serveis són la major font d'ocupació, anant guanyant espai en els últims anys (Stanton, Etzel i Walker, 2007) a la producció. Una idea que ja era present a principis dels anys 60 quan es parlava d'una propera revolució dels serveis, on aquests adquiririen una creixent importància en el futur (Regan, 1963). Posteriorment, ja a finals dels anys 90, era molt destacada la importància dels serveis, que suposaven als Estats Units prop del 80 per cent de les persones ocupades i el 70 per cent del producte interior brut (Javalgi i Moberg, 1997).

En un món globalitzat i canviant, cada empresa ha de cercar noves vies per trobar el seu avantatge competitiu. Ja no és suficient posar el producte ràpidament a disposició del client i a un preu baix. Els sistemes de producció aconsegueixen ser cada cop més eficients, els sistemes de transport més ràpids i les reduccions de preu no poden sostenir-se de manera indefinida en el temps. Uns plantejaments que eren plenament aplicables al món dels serveis; no només calia donar un bon servei a un preu raonable.

Les empreses eren conscients que calia donar quelcom més. Aportar algun valor afegit que podia ser un millor servei, o una relació entre client i proveïdor que anés més enllà del contractualment establert i on totes dues partes es sentissin còmodes. On tots dos entenguessin que els sacrificis que fets en la relació es compensarien posteriorment amb els beneficis que en podien obtenir.

En el sector de serveis, hi hagué una canvi d'orientació general. Des de la cerca d'una simple transacció, aconseguir una venda, es girà cap a buscar aconseguir una relació amb el client. Aquest havia de ser l'objectiu de l'acció comercial. Es donava pas així a l'anomenat *màrqueting de relacions*, centrat en aconseguir la satisfacció del client, el llarg termini en la relació i la mútua satisfacció de les parts (Santesmases, 2011).

Per Santesmases (2011) el màrqueting de relacions en un intent d'alguna manera de tornar al passat, on la relació entre comprador i venedor era propera i constant. Aquesta situació va canviar amb la irrupció de grans empreses, que no coneixien els seus clients i fabricaven productes iguals per tot el mercat. El desenvolupament de la tecnologia i la facilitat de la difusió de la informació ajuden a que les dues parts es puguin tornar a acostar. Que augmenti la interacció entre tots dos; el venedor posant a disposició del públic productes que li aportin més valor, i el comprador comunicant si són o no del seu interès.

El màrqueting de relacions està basat en un compromís i confiança mútua entre les parts que intervenen. Alhora, no té sentit si no és un plantejament a llarg termini doncs el profit que se'n pot treure serà si es tenen presents diferents transaccions i no només una de sola.

En aquest sentit el CRM (Customer Relationship Management) és una eina molt útil per desenvolupar el màrqueting de relacions. És una eina, que combinant la tecnologia amb la informació que es pot extreure de l'activitat diària de l'empresa, ajuda a conèixer millor el client.

El CRM ha d'ajudar l'empresa en tres etapes diferenciades: per una part segmentar els clients, és a dir, agrupar-los en diferents categories que els facin més homogenis. En segon lloc, facilitar la interacció amb els clients, que pugui ser una relació més fluïda i propera. I finalment, aconseguir personalitzar aquesta relació tan com sigui possible, fent sentir al client que no es tractat com un consumidor més sinó que es tenen en compte els seus desitjos i necessitats.

A nivell conceptual podem entendre com servei l'aplicació d'esforços humans, o mecànics a persones, animals o objectes (Santesmases, 2011). En una definició més completa, Stanton (2007) considera que els serveis *"són activitats identificables e intangibles que són l'objecte d'una transacció ideada per donar als clients satisfacció de desitjos o necessitats"*. Podem trobar altres definicions més completes, com *"un servei és una obra, realització o acte que és essencialment intangible i no resulta necessàriament en la propietat d'alguna cosa. La seva creació pot estar o no relacionada amb un producte físic...n'hi haurà que no tindran cap relació amb un producte físic, com la consultoria de serveis, o que n'hi estaran completament unides com pot ser el servei de menjar ràpid."* (Kotler, Bloom i Hayes, 2004).

Tradicionalment el sistema financer ha estat inclòs en el sector serveis (Santesmases, 2011) (Stanton, Etzel Walker, 2007). Hi ha autors que consideren que en el cas del sistema financer es poden considerar *serveis purs* en el sentit que no porten associat cap bé tangible de forma directa (Kotler i Armstrong, 2012)

Per altra banda, hi ha autors que consideren que d'alguna manera, cada servei porta sempre associat un producte. De fet, hi ha qui defensa que no existeix una diferenciació clara en el tractament que li ha de donar el màrqueting als productes i als serveis, doncs els primers gairebé sempre porten associat el segon (Santesmases, 2011) .

En una esquematització clàssica que s'ha fet, s'han identificat quatre trets principals dels serveis.

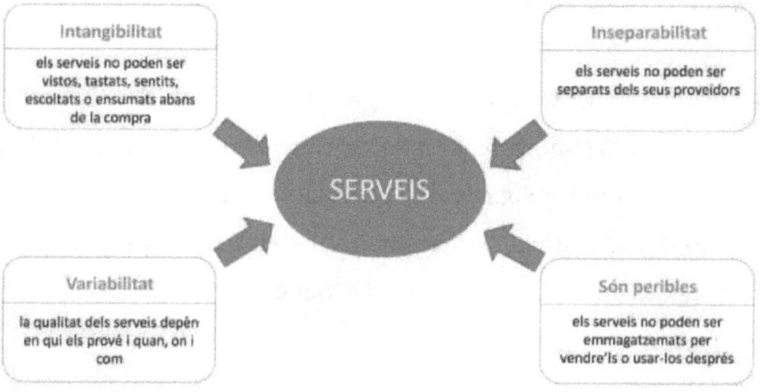

Figura 15. Esquema dels trets principals dels serveis.
Font: (Kotler i Armstrong, 2012)

Els principals trets dels serveis (parcialment adaptada de *Marketing Financiero*, Barcelona School of Management) són els següents:.

1) Intangibilitat

Suposa que no es perceptible directament pels sentits. Això alhora comporta tota una sèrie de característiques particulars. El consumidor és difícil que percebi la diferenciació amb els altres proveïdors. A més a més, en el cas dels serveis financers, el producte que porta associat (el diner) no és distingible. La comparació d'experiències tampoc és senzilla. Només serà avaluable un cop s'hagi realitzat el consum, que segons la modalitat es pot perllongar molt en el temps (p. ex: una línia de finançaments amb durada anyal, que té una utilització setmanal per part del consumidor).

2) Inseparabilitat del venedor i la prestació del servei.

El producte i servei van units alhora i no es poden separar de la persona que els presta. És molt important en aquest aspecte que l'empresa tingui personal propi per a la prestació dels serveis, doncs té un impacte directe en la seva imatge. En aquest sentit, la gran atomització de sucursals bancàries, estan molt a prop físicament del client, facilita aquesta tasca.

En el cas del sector financer, el paper del gestor bancari és clau en tota la tasca doncs ell és qui parla i es compromet en nom del banc; dóna les explicacions sobre el producte, i concreta les obligacions i drets del comprador. En definitiva, pel consumidor el gestor comercial és realment el que li està venent el producte, malgrat aquest sigui només el representant del banc.

3) Variabilitat dels serveis

Cada venda és diferent; comporta el consum d'un servei i un producte, però mai podrà ser igual per dos consumidors. Cadascun d'ells haurà rebut unes explicacions, se l'haurà atès d'una manera concreta o haurà entès d'una forma concreta quines són les seves obligacions. La percepció que en tingui el client de tot el procés influirà de forma important en les futures decisions de compra.

4) Caducitat.

No hi ha possibilitat d'emmagatzemar els serveis i per tant, en el moment de la seva producció s'han de consumir. Aquest potser també un problema en el prestació del servei on es poden produir puntes de demanda que no siguin ateses correctament (p. ex.: diferents clients que entren en una oficina alhora per assessorar-se sobre préstecs hipotecaris).

Aquestes característiques comporten una problemàtica específica en la seva comercialització. Específicament es pot esmentar el fet de que en el cas d'un servei no es pot transmetre la seva propietat, només se'n pot fer ús d'ell, però no es pot posseir.

En el cas del sector bancari s'hi afegeix una altra particularitat. El producte amb el que fonamentalment es comercia en el sector financer és el diner, un bé totalment fungible. No presenta característiques distintives segons qui el posseeixi. No és fàcil justificar la diferència de preu en el mateix si no se li pot afegir algun servei extra que ajudi a argumentar-ho.

Per tant, el consum de serveis és més difícil d'avaluar que els béns degut a les característiques esmentades abans. Un altre fet distintiu és que en el cas de l'avaluació dels serveis depèn no només de com es presten sinó també de la percepció que en tingui el consumidor (Zeithaml, 1981).

En el cas de les entitats financeres, donada la particularitat dels seus productes, és molt difícil acarar per endavant els serveis dels diferents competidors, poder realitzar una comparació abans de realitzar la compra, i a més a més, a diferència del que passa en quan s'adquireix un producte, en aquell cas la relació no s'acabarà en el moment de l'adquisició sinó que segurament durarà en el temps (Tam, 2007).

A diferència de la present investigació, quan la literatura en màrqueting ha tractat el tema dels serveis, ha dedicat molta més atenció a *Business to Consumer* que al *Business to Business* (Kotler, 2003). Aquesta discriminació no té molt sentit en el món empresarial perquè la venda a clients empresarials estem davant d'una relació més valuosa, complexa i freqüent que en el cas dels particulars (Tyler i Stanley, 1999a) (Marinković i Senić, 2012).

Bé és cert que hi ha dos problemes metodològics que es presenten sovint en aquestes investigacions. En primer lloc, no és senzill obtenir les respostes. I en segon lloc, aquestes respostes s'han d'obtenir d'una persona suficientment qualificada perquè tingui valor la seva percepció.

2.2 Característiques de la relació de les empreses amb les entitats financeres

Les característiques de la relació d'un consumidor amb una entitat financera presenten fets distintius d'altres sectors. No es tracta només de la relació d'un comprador amb un venedor sinó que hi ha un major vincle. De fet, és habitual que el consumidor parli de la *seva* entitat financera. No es parla habitualment del *meu* establiment de menjar, per exemple.

En aquest sentit, les entitats financeres s'han esforçat per desenvolupar amb major mesura que altres sectors econòmics, les eines del màrqueting relacional (Dibb i Meadows, 2001). S'hi començaren a veure forçats per la creixent competència que s'anaven trobant i els obligava a focalitzar en allò d'on poguessin extreure major valor. I el coneixement del client s'identificà com un fet clau per l'obtenció d'una millor rendibilitat del mateix.

Malgrat aquesta constatació, en la literatura acadèmica no hi ha hagut massa estudis que s'hagin dedicat a aquesta temàtica (Chiao, Chiu, i Guan, 2008). I això que des dels plantejaments del màrqueting s'ha entès de forma generalitzada que una de les millors formes de reforçar la lleialtat d'un client, amb les conseqüències positives que d'aquí se'n generen, és mitjançant una forta i duradora relació entre client i proveïdor.

Les entitats financeres estan interessades en establir un vincle fort i durador amb els seus clients, generant confiança en ella perquè siguin considerades com un interlocutor vàlid si tenen qualsevol necessitat financera. Alhora també és cert que els clients s'impliquen sovint de forma decidida en aquesta relació (Levy, 2014), no només a un nivell econòmic sinó refiant-se del seu banc.

Aquesta confiança ha de ser mútua perquè si només n'hi ha d'una part, es pot donar un comportament oportunista de l'altra, que pot intentar prendre avantatge en el curt termini (Dahlstrom et al., 2014). Si es dóna aquesta situació, augmentarà la percepció del risc en la relació per part del que ha sigut enganyat. I en última instància desistirà de seguir-hi treballant.

Bé és cert que no es tracta d'una relació fàcil sinó amb múltiples facetes. I no totes positives. Alhora que els serveis financers són imprescindibles en qualsevol economia de mercat, i el consumidor n'és conscient, el client pot arribar a tenir en alguns casos la percepció dels bancs com *"un mal necessari"* (O'Loughlin i Szmigin, 2005).

En qualsevol cas, les condicions són propícies per desenvolupar el màrqueting relacional en el sector: hi ha una constant interacció entre client i venedor, el rang de productes és ampli, es pot aplicar la venda creuada dels mateixos i l'interès de les entitats és lògic doncs quant més duri la relació, més profit se'n podrà treure. A més a més, en el cas dels serveis, si s'aconsegueix desenvolupar un fort vincle amb el client, serà més difícil que canviï de proveïdor (Javalgi i Moberg, 1997).

I aquests trets s'accentuen especialment quan el client és una empresa. Algun autor parla de "capital de la relació" com la suma del coneixement, la experiència i la confiança entre client i proveïdor (Kotler, 2003). De fet, les institucions financeres són de les poques empreses en que els clients consideren que tenen una relació (Harrison, 2003).

En primer lloc cal puntualitzar què entenem per relació en la present investigació. Un dels primers autors que treballaren el concepte de la relació bancària en el segment corporatiu apuntà que era la seva característica principal *"el reconeixement que el banc pot incrementar els seus ingressos i benefici total amb el client al llarg del temps, més que intentar treure el major profit individualment de cadascuna de les transaccions"* (Moriarty, Kimbal i Gay, 1983).

Hi ha qui l'entén com un contracte implícit de llarga durada entre prestador i prestatari derivat d'una operació de finançament, i d'altres han entès que la relació entre banca i empresa va més enllà del finançament. No només aquest tret donaria categoria de relació empresarial sinó que també seria possible parlar de relació si només es fessin servir altres serveis bancaris (Iturralde, Maseda, i San-Jose, 2010).

Seguint aquesta línia, sí es diferencia la relació quan hi ha crèdit de quan no n'hi ha. La primera es podria entendre com *"un contracte implícit a llarg termini entre un banc prestador i el prestatari"* (Elsas, 2005). Degut a aquesta relació mantinguda al llarg del temps, el prestador seria capaç de recollir informació rellevant del seu client i estrènyer els vincles d'unió entre tots dos. Un aspecte que no es donaria sinó hi hagués aquesta relació de finançament.

Les entitats financeres han superat àmpliament la concepció segons la qual només eren empreses que feien d'intermediaris entre els dipositants de diners i els prestataris dels mateixos. Les seves funcions actualment s'han ampliat molt, fins fer-los part indispensable del funcionament de qualsevol economia de mercat. No és concebible per un ciutadà, molt menys per una empresa, poder funcionar sense l'acompanyament d'un banc que li doni serveis; ja sigui per la gestió dels rebuts de subministrament com per realitzar pagaments als seus proveïdors, entre molts d'altres serveis.

En aquest sentit, la relació entre empreses i entitats financeres es podria mesurar en tres dimensions: duració de la relació, amplada de la mateixa entesa com a nombre de productes que es tenen i concentració bancària mesurada pel nombre de relacions bancàries (Iturralde et al., 2010). Els dos primers són els que pressuposen major interacció entre l'empresa i el banc. Quan més temps estiguin treballant plegats i amb major nombre de productes, la relació s'intensificarà. I especialment per part de l'empresa més difícil serà poder deslligar-se d'aquest banc. En el cas del nombre de relacions bancàries, la relació serà en sentit contrari; quantes més en tingui una empresa, menor relació tindrà amb cada una d'aquestes entitats.

Altres autors només consideren apropiat tenir en compte les dues primeres; per un costat el temps durant el qual hi ha hagut relació, i l'amplitud de productes que tingui el client (Ongena i Smith, 1998). El manteniment d'aquesta relació suposarà que les parts hagin d'acceptar sacrificis de forma temporal confiant en l'obtenció de majors beneficis en el futur. Es difícilment qüestionable afirmar que hi ha una connexió entre client i entitat financera que va més enllà de la simple i anònima execució de transaccions financeres (Ongena i Smith, 1998).

I per últim hi ha autors que diferencien les relacions segons si aquestes porten associat finançament o només hi ha prestació de serveis per part del banc (Neuberger, Räthke, i Schacht, 2006).

Com comentàvem, els bancs són conscients de la intangibilitat dels seus productes i per tant han emfatitzat la relació amb el client en tot el procés de servei. I han trobat que un dels eixos de la seva estratègia poden ser els propis empleats; aquests hauran d'estar més orientats a les persones que a les pròpies transaccions (Dibb i Meadows, 2001). Ja no es tracta d'aconseguir la venda dels productes i recompensar els empleats segons aquesta variable, sinó que s'ha d'aconseguir que els treballadors connectin amb els clients i es vulguin sentir part d'aquesta relació.

En aquest sentit, una de les característiques de les relacions financeres és que els productes sobre els que es discuteix són complexes i repetir les negociacions no només és costós sinó també molt problemàtic (Turnbull i Gibbs, 1987a). Si els empleats de l'entitat financera s'identifiquen amb la seva empresa i els seus productes, seran molt més productius.

A nivell temporal, la relació no és que acabi quan es realitza la venda sinó que de fet és a partir de llavors quan més s'intensifica. La relació va adquirint valor a mesura que passa el temps doncs els contractes es van fent més complets (Casasola-Martínez i Cardone–Riportella, 2009). S'hi poden anar compromisos i obligacions, que alhora van enfortint la relació.

Dit això, es pot afirmar que a Catalunya no es donen les relacions tan estretes entre empreses i bancs que sí succeeixen a països com Japó o Alemanya. En el primer existeix la figura del *House bank* que és una entitat que no només presta diners a l'empresa sinó que també n'és accionista i té persones en la seva direcció. O en el cas alemany, on el conegut com a *main bank* que no només és el principal creditor de l'empresa sinó que també té major informació i més actualitzada que la resta de bancs (Ongena i Smith, 1998). Totes dues figures expressen realitats semblants. Denoten tant la major informació com influència que un banc pot tenir sobre l'empresa en relació als seus competidors (Elsas, 2005).

Considerant totes aquestes particularitats, entenem que hi ha quatre característiques rellevants al nostre parer que fa diferents els serveis financers de la resta: la rendibilitat, el fet que els clients gairebé sempre treballen amb més d'un proveïdor, la durada de les relacions, i un elevat grau d'inèrcia en les mateixes.

2.2.1 La rendibilitat dels clients

Cal entendre que la rendibilitat dels clients de les entitats financeres té un aspecte molt característic. Els clients no només generen ingressos pels bancs (en forma de comissions o interessos pels seus préstecs) sinó que alhora també en poden rebre ingressos, per la retribució dels dipòsits que hi tinguin. Això comporta que cada client pugui tenir un compte de resultats complet amb la seva entitat financera, on es reflecteixen ingressos i despeses.

Per altra banda, a diferència de la rendibilitat generada per la venda d'un producte, que té un càlcul més fàcil d'establir-se, en el cas dels serveis financers és més complicat establir una mesura de rendibilitat. Si bé per la part dels ingressos l'entitat financera podrà realitzar un càlcul sabent el cost de la matèria primera utilitzada (el diner), serà més difícil entendre quin ha estat el cost de servei al client. No es tracta d'un càlcul senzill de realitzar (Cheverton, Hughes, Foss i Stone, 2013). A més a més, tota la interacció entre comprador i venedor a la que hem fet referència també suposa un cost, no quantificat en molts casos, i diferent segons el canal de relació que s'utilitzi.

Per això, avui en dia predomina una visió relacional, que considera que la rendibilitat amb els clients s'ha de calcular a llarg termini, tenint en compte la importància de totes les interaccions amb els clients (V.V.A.A, 2006) (Ahtiala, 2005). Si es fa aquest plantejament temporal és més fàcil estimar la rendibilitat d'un client amb el seu proveïdor financer.

És a dir, la constant interacció que ha de tenir el banc amb l'empresa per a la venda, gestió del producte o servei al client, suposa un cost afegit que no sempre és senzill de calcular. Si bé és cert que com en tots els sectors econòmics, quan es realitza aquesta anàlisi, es troba com hi ha clients que malgrat semblar-ho inicialment, no són gens profitosos.

Hi ha estudis que plantegen la necessitat d'augmentar el preu dels serveis prestats a aquells que paguen poc per tot el que utilitzen l'entitat. De fet, les seves estimacions apunten que hi ha un 20% de clients que generen un 60% dels ingressos mentre que un altre 30%, generant un 9% dels ingressos, s'emporten un 40% del marge que produeix l'empresa (Costanzo, 1995).

La qüestió en aquests casos no seria eliminar com a client a aquell que no és rendible sinó fer-lo rendible (Smith i Dikolli, 1995). Aquí entra en joc el valor a llarg termini del client i la decisió que ha de prendre el proveïdor sobre ell. Així doncs, només en el cas que no es pogués fer rendible el client, sí seria necessari acabar amb la relació.

Es pot actuar per dues vies diferents per millorar els marges. Per un costat tractant d'augmentar els ingressos percebuts pel client (venent-li productes amb major valor afegit) o centrar-se en disminuir-ne els costos, aconseguint atendre els clients per canals més eficients, com pot ser internet. Els mitjans que no requereixen el tracte personal ni la presència física són més barats per la seva estructura. En el sector financer, ja fa anys que s'estan fent importants esforços per intentar que els canals digitals assumeixin tanta operativa com sigui possible donat el menor cost per transacció que presenten.

2.2.2 Relacions financeres: relació amb múltiples entitats financeres

Una de les característiques indestriables de les relacions financeres a l'estat espanyol per part de les empreses és que molt difícilment només treballen amb una entitat financera. Tret de les empreses més petites o acabades de constituir, el normal és mantenir relació amb diferents bancs. En la literatura acadèmica ja es dóna per fet que les grans empreses tenen diferents bancs (Tyler i Stanley, 2007). De fet, s'ha trobat una relació positiva entre la mida de l'empresa i el nombre de bancs amb els que treballa (Oliveira Da Silva Fragata, Anabela; Muñoz-Gallego, 2010)

Però no és igual a tot arreu. En alguns països mantenir relació amb només una entitat financera és relativament normal. En el cas de Suïssa un 30% de les empreses només tenen relació amb una entitat financera i el 75% en tenen entre una i tres (Neuberger et al., 2006). En el cas d'Austràlia, gairebé el 90% de les empreses utilitza només un banc (Lam i Burton, 2005).

Per la seva part, en els països del sud d'Europa com Espanya, Portugal o Itàlia és habitual treballar amb un gran nombre de bancs mentre que en els països nòrdics ho és amb una xifra més reduïda. En el cas d'Espanya es supera la mitjana europea (Iturralde et al., 2010). En aquest estudi, les empreses espanyoles treballen amb una mitjana de cinc bancs, mentre que a països com Noruega, Suècia o Holanda la mitjana és de tres. Hi ha una important variabilitat en aquests nombres tenint en compte la mida de l'empresa.

Com a causes perquè es donessin aquestes diferències en el nombre d'entitat financeres amb les que es mantenia relació s'ha apuntat que el fet d'escollir un nombre major de bancs pot ser degut a que es tracti d'un estat en on el sistema judicial és més ineficient; o que hi hagi una menor protecció dels drets dels creditors, o sigui el cas d'un sistema financer sense massa concentració bancària però estable en el temps (S. Ongena i Smith, 2000).

Un dels temes que la literatura acadèmica ha tractat en les relacions entre empreses i bancs és precisament el fet de si a una empresa li convé tenir més d'una entitat financera. Entre d'altres aspectes, es tracta d'esbrinar si així l'empresa milloraria el preu dels seus productes, si aconseguiria imports més elevats en els seus préstecs i si aquests li serien concedits amb major facilitat o no. Hi ha autors que així ho pensen (Casasola-Martínez i Cardone–Riportella, 2009), entenent que l'antiguitat del client també juga al seu favor en aquest sentit.

El que no està clar és si aquest nombre d'entitats ve donat pel costat de l'oferta o de la demanda. En els casos de les empreses mitjanes pot venir donat tant pel cas de l'oferta com de la demanda però per les petites empreses serà l'oferta qui ho determinarà (Neuberger et al., 2006).

Hi ha tant opinions favorables com en contra de si mantenir relació amb diferents intermediaris financers és positiu o negatiu.

En el cas dels avantatges, s'ha citat que algunes empreses es mostren amb por de dependre massa només d'un sol banc o d'un grup molt reduït d'aquests (Lam, Regan i Burton, 2003). Si bé tenir-ne només un redueix costos i pot aportar beneficis, el fet de no aconseguir tot el crèdit necessari amb aquesta entitat obligaria a buscar altres alternatives, el que suposaria per aquestes empreses un risc de selecció negativa. És a dir, que al realitzar una sol·licitud de crèdit, una nova entitat la denegués pensant que si li demanaven a ella era perquè les altres no li havien volgut concedir. Llavors, tot plegat faria més difícil que l'empresa pogués obtenir aquest finançament quan li manqués realment (Iturralde et al., 2010).

Els avantatges de la multiplicitat de bancs serien especialment palpables en el cas de les empreses més joves o més endeutades. Aquestes, si poguessin comptar amb diferents opcions evitarien millor el risc de selecció adversa amb el que es poden trobar en ocasions (Iturralde et al., 2010).

També s'assenyalà com avantatge que un nombre gran d'entitats podria ser una assegurança contra la falta de liquiditat (Iturralde et al., 2010). Així, si es trobessin problemes perquè hi ha una situació d'incertesa al sector, o una fusió en marxa, sempre es podria anar recorrent a altres proveïdors financers que no es trobessin amb aquests problemes.

En el mateix sentit s'ha apuntat que tenir un menor nombre d'entitats suposa un abaratiment del preu del finançament perquè el banc acumula una major informació de l'empresa i això comporta que es redueixin els seus costos per a l'estudi de les operacions (V.V.A.A, 2006). Cal tenir en compte que en aquest cas l'estudi es feu per part d'una fundació bancària.
Un altre dels avantatges esmentats fou que tenir un sol banc suposaria una major especialització, percepció del risc i tenir una millor posició en la negociació (Lam i Burton, 2006)

A nivell internacional, en el cas dels EEUU es trobà que tenien més d'un banc per evitar l'anomenat *hold-up problem,* és a dir, dependre només d'un proveïdor financer (Uchida, Udell, i Watanabe, 2008). Si es donava aquesta situació, podia ocórrer que aquest llavors imposés les condicions que més li convinguessin deixant l'empresa client amb menys marge per a negociar.

Per la part dels desavantatges, alguns estudis apunten que tenir un nombre petit de bancs seria ideal per empreses petites o joves (Neuberger et al., 2006). La literatura considera que tenir menys bancs seria més beneficiós perquè s'evitarien costos de transacció que al final podrien suposar un abaratiment de preu per al client (Iturralde et al., 2010) (Ongena i Smith, 1998)

2.2.3 La durada de les relacions financeres.

Aquest és un tret també específic de les relacions entre les entitats financeres i les empreses doncs normalment la durada és mesurada en anys. Cal tenir en compte que l'establiment d'aquestes relacions, especialment si impliquen concessió de finançament, tampoc es pot fer de forma immediata sinó que cal tot un procés d'aprovació i superació dels diferents tràmits que requereix uns períodes mínims de temps.

La durada en la relació també és important perquè en contextos d'incertesa, proporciona major informació als proveïdors financers (V.V.A.A, 2006). En el cas de concessió d'un finançament, les entitats financeres es troben que han d'assumir un risc durant un període determinat d'anys hi ho han de fer comptant només amb la informació financera de l'empresa dels exercicis anteriors. És a dir, han de fer una projecció futura de les possibilitats de possibilitat de poder tornar el deute del seu client. I aquí és on genera la incertesa esmentada, que podrà ser reduïda en la mesura que es tingui major informació rellevant de tot tipus de l'empresa.

En quant al concepte de duració, amb ell ens referim al nombre consecutiu d'anys que un banc ha sigut proveïdor financer destacat d'una empresa (Wang, Cheng, i Chang, 2012). Nominalment podem entendre que una empresa és client d'un banc perquè hi manté un compte corrent obert. Però això no pot portar a afirmar que existeix una relació. Per a que hi hagi aquesta hi ha d'haver una interacció constant entre les dues parts, que comporti la realització d'una operativa regular en el temps.

A nivell internacional, per realitzar una comparació amb el cas espanyol, s'ha estimat per exemple a Japó que la permanència amb les entitats financeres és molt llarga (més de 30 anys) mentre que altres dades mostren com als EUA no arriben a nou anys (Uchida et al., 2008). En el cas d'Austràlia i Hong Kong estan al voltant dels 12 anys (Lam i Burton, 2005)

Com un altre avantatge per l'empresa client, també s'ha apuntat que una durada més llarga de la relació podria facilitar les noves negociacions amb l'entitat i flexibilitzaria la disposició de crèdit (Iturralde et al., 2010)

Article	País	Mida de la mostra en anys	Mida de la mostra en empreses	Mitjana de la mida de les empreses	Mitjana de duració
Cole (1998)	Estats Units	1993	5356	Valor en llibres: 1,63	7,03
Blackwell and Winters (1997)	Estats Units	1998	174	Valor en llibres: 13,5	9,01
Petersen and rajan (1995)	Estats Units	1987	3404	Valor en llibres: 1,05 (0,3) Empleats: 26 (5)	10,8
Angelini et al. (1998)	Itàlia	1995	1858	Empleats: 10,3	14,0
Harhoff and Köerting (1998b)	Alemanya	1997	994	Empleats: +/- 40 (10)	+/- 12
Elsas and Krahmen (1998)	Alemanya	1992-1996	125/any	Xifra de negoci: (30-150)	22,2
Ongena and Smith (1998a)	Noruega	1979-1995	111/any	Valor de mercat: 150	(15,8-18,1)
Zineldin (1995)	Suècia	1994	179	Empleats: (<49)	(>5)
Sjögren (1994)	Suècia	1916-1947	50	Empreses més grans	>20 (5-29)
Degryse and Van Cayseele (1998)	Bèlgica	1997	17776 préstecs	Empleats: (1)	7,82
Horiuchu et al. (1998)	Japó	1962-1972 1972-1983	479 668	Empreses més grans	(21) (30)

Taula 2. Comparativa en la duració de les relacions amb entitats financeres.
Font: (S. R. G. Ongena i Smith, 1998)

I no només això, sinó que en una relació complexa com és la que planteja aquest treball, entre empreses i els seus intermediaris financers, un millor coneixement del client i de les seves necessitats ajudarà a donar un millor servei, podent anticipar a escenaris futurs on es calguin determinats productes. Una llarga durada de les relacions sens dubte afavorirà que es pugui aconseguir aquest objectiu (Cheverton, Hughes, Foss i Stone, 2013).

2.2.4 La inèrcia en les relacions

Per inèrcia en les relacions ens referim a aquells actes que no són realitzats d'una forma completament voluntària sinó donats per circumstàncies exteriors que són alienes a la voluntat activa de realitzar-les. En el cas dels serveis financers, una situació que impliqués inèrcia seria aquella en que un client malgrat estar insatisfet amb el servei rebut, no canvia d'entitat (White i Yanamandram, 2004)

Aquest comportament s'ha apuntat com a freqüent en els consumidors de serveis financers, que encara que obtinguin un pobre servei, no són massa propensos a canviar de proveïdor (Jones i Farquhar, 2003)

No ha sigut un tema tractat en molts estudis d'una forma directa, però apareix de forma reiterada com afegit en aquest tipus de relacions. És molt difícil poder distingir quan hi ha voluntat real de les empreses de seguir treballant amb un banc i en quin cas es tracta de falta d'intenció o capacitat de canvi d'entitat. És un fet interessant de conèixer perquè es pot crear la sensació d'una falsa lleialtat. De fet, la retenció dels clients no està necessàriament relacionada amb la lleialtat. Hi ha altres circumstàncies que comporten que un client ho segueixi sent sense tenir-ne intenció. A més a més de per inèrcia, ho poden ser també per indiferència o perquè són presoners de contractes a llarg termini (Kotler, 2003)

Els motius d'aquesta inèrcia poden ser variats. Pot ser perquè els clients realment no vegin una diferència real entre els actors del sector financer (O'Loughlin, Szmigin, i Turnbull, 2004). Encara que estiguin insatisfets per experiències negatives amb el seu proveïdor, molts clients no canviaran de banc perquè entenen que les alternatives que hi ha tampoc són massa millors. I un canvi sempre comporta costos associats d'adaptació.

Els clients per inèrcia, doncs, no són un grup homogeni, sinó que cadascú té les seves raons particulars. Alguns no consideren el proveïdor com ideal però estan suficientment contents. D'altres ho són inconscientment, sense pensar en la seva lleialtat de comportament. I finalment hi ha els que sí en són conscients de la seva insatisfacció, però encara no han canviat el negoci de proveïdor perquè per diferents motius no han pogut fer-ho (White i Yanamandram, 2004).

També és cert que les grans empreses entenen que han de mantenir lligams duradors amb els bancs doncs necessitaran més endavant finançament i per tant els tornaran a necessitar (Wang et al., 2012). Una estratègia que persegueixi la recerca constant d'un proveïdor financer amb característiques ideals suposaria no poder establir un vincle fort i durador amb cap d'elles.

Alhora, el canvi de proveïdor financer porta associat uns costos implícits com comentàvem anteriorment; canviar el compte de càrrec de rebuts o haver d'aprendre les especificitats d'una altra entitat financera (Luiza, Zacharias, Figueiredo, Affonso, i Araujo, 2009). Aquests costos de canvi es poden agrupar en tres grans blocs: els costos propis del canvi que són operacionals, els financers pel cost que pot suposar i els relacionals, al perdre relació amb el personal del banc .

Encara que per un consumidor expert, que ja té experiència en el sector financer, com són les empreses, aquestes barreres es poden veure com un inconvenient menor (Bell i Eisingerich, 2007)

Per altra banda, no hem d'oblidar el fet que els serveis només són avaluables amb posterioritat a la compra, el que suposa un major risc que també afavoreix que el client no sigui massa propens al canvi (Luiza et al., 2009)

Capítol 3. La lleialtat

3.1 Concepte de lleialtat

El concepte de lleialtat ha estat un dels clàssicament estudiats en la literatura acadèmica (Joseph N. Fry, David C. Shaw, 1973)(Marinković i Senić, 2012). Malgrat tots els esforços, després de 80 anys estudiant el concepte encara no hi ha un criteri unificat per mesurar-la (Bennett i Bove, 2002) (Setó-Pamies, 2012). Si bé existeixen propostes en aquest sentit que tenint en compte determinats indicadors, proposen algunes mesures de classificació de la mateixa (Ng V. i Ng, I. 2003).

Sí hi ha un cert consens des de fa anys en que la lleialtat és un concepte que es composa d'una actitud favorable cap a la marca així com una repetició contínua de la compra (Day, 1969) (Dick i Basu, 1994)(Bennett i Bove, 2002) (Bell i Eisingerich, 2007)

Al nostre parer, una encertada definició seria la que entén que la lleialtat comprèn la voluntat del consumidor de mantenir-se client d'una organització, amb el compromís d'incrementar la profunditat de la relació (realitzant més transaccions) i l'amplada de la relació (contractant més productes) (Bell i Eisingerich, 2007).

Per una altra part, la lleialtat també es pot definir com un profund compromís envers un producte, que suposa la compra repetitiva del mateix o dels de la seva marca, malgrat hi hagin circumstàncies externes que no ho afavoreixin o altres competidors facin esforços per aconseguir el canvi de comportament del consumidor (Oliver, 1999).

També s'ha considerat que la lleialtat és un constructe amb múltiples dimensions i que combina actituds, intencions i indicadors de *perfomance* del venedor (Palmatier, Dant, Grewal, i Evans, 2006). D'una forma més senzilla es podria resumir en *"una actitud individual de predisposició favorable cap a un objecte i la repetició de compra constant del mateix"* (Bennett i Bove, 2002).

Es podria esquematitzar en la següent figura,

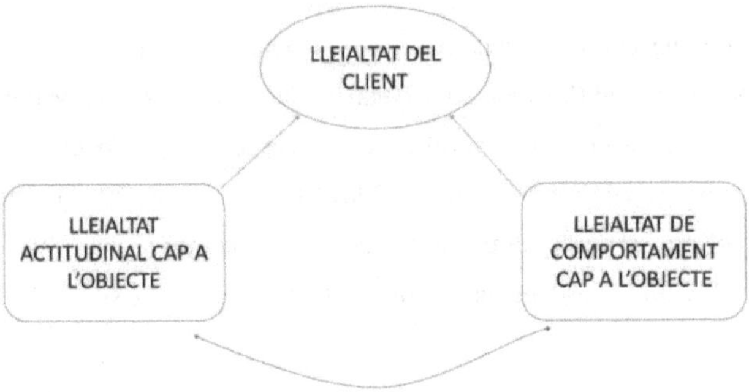

Figura 16. Esquema de lleialtat
Font: (Bennett i Bove, 2002)

3.2 Antecedents històrics del concepte de lleialtat

Inicialment el concepte de lleialtat s'entenia basat només en el comportament del consumidor. Si aquest comprava repetidament un producte o una marca, estava mostrant la seva lleialtat cap a la mateixa. Posteriorment es demostrà que aquest indicador no era suficient doncs hi podia haver condicionants que afavorissin aquest comportament sense que hi hagués una predisposició favorable cap al proveïdor (per exemple, un client que comprava a un determinat proveïdor perquè era l'únic de la zona, o perquè només ell tenia aquell producte concret).

També es cert que part dels primers estudiosos del concepte creien que el comportament del consumidor no tenia res a veure amb la lleialtat a una marca sinó que es tractava d'un comportament arbitrari, i la compra de les diferents marques es feia de forma aleatòria (Bass, 1974, Cunningham, 1956). Que sempre es tractava d'un comportament de conveniència, on el consumidor no es guiava per unes preferències concretes.

Cap a finals dels 60 es va ampliar el concepte, i s'amplià el marc de referència, passant l'actitud també a tenir-se en compte. En la literatura acadèmica es comença a entendre que si el concepte de lleialtat es focalitzava només en el acte de compra, llavors no era possible distingir la vertadera lleialtat de la espúria (Day, 1969)

Si bé el concepte de lleialtat es tractava habitualment en els estudis de màrqueting, a finals dels 80 encara es trobaven a faltar investigacions específiques en el sector de la banca, que es fixessin en la relació de les llars (consumidors individuals) amb la banca (Jain i Pinson, 1987).

També s'entenia que el consumidor de serveis era més lleial que el de béns perquè sempre tenia més risc canviar un proveïdor de serveis doncs eren més difícils d'avaluar (Zeithaml, 1981). De fet, la valoració només es podia realitzar posteriorment a l'acte de consum.

La irrupció de les noves tecnologies modificà en part aquesta concepció. En les entitats financeres, on s'adaptà un canal específic per fer moltes de les transaccions de forma telemàtica, el paradigma es transformà. Es perdé bona part de la interacció personal que existia amb anterioritat amb el client, el qual era un factor generador també de lleialtat. Per tant, aquesta es reduí per aquesta falta de contacte personal (Levy, 2014).

3.3 Tipus de lleialtat

Al tractar-se d'un concepte complex, vinculat tant a una acció de compra com una predisposició favorable cap al venedor, l'estudi dels tipus de lleialtat ha generat una important literatura acadèmica.

Per una part, s'ha entès que la lleialtat de comportament es caracteritza per la repetida compra del producte per part del client, i en aquest sentit no cal que hi hagi una actitud favorable cap a la marca. I per la seva part, la lleialtat actitudinal es caracteritza per una predisposició positiva i un compromís cap a la marca (Fitzgibbon i White, 2005).

Diferenciar entre quin tipus de lleialtat tenen els clients és important per tal d'aconseguir retenir-los i que no se'n vagin a la competència (Fitzgibbon i White, 2005). I en el mateix sentit, l'entitat sabrà qui són aquells que compren repetidament per diferents motius (barreres de sortida, inèrcia...) però que poden canviar de proveïdor fàcilment si en tenen l'oportunitat. Algun autor incideix en el fet que en aquest sector hi ha tradicionalment molta deslleialtat per part dels clients (Lam, Burton, i Lo, 2009).

En aquesta investigació es segueix la classificació de tipus de lleialtat que es considera més entenedora i completa, que és la de Dick i Basu (1994). Segons aquesta, es pot esquematitzar de la següent manera.

		Repetició de compra	
		Alta	Baixa
Actitud relativa	Alta	Lleialtat	Lleialtat latent
	Baixa	Inèrcia (spurious loyalty)	No hi ha lleialtat

Taula 3. Tipologia de lleialtats.

Per tant podríem distingir entre,

Lleialtat: es dóna quan coincideixen l'actitud favorable cap a la marca amb un patró de compra que es repeteix. És la situació idònia per l'empresa; el client compra normalment el producte i a més a més ho fa de forma convençuda. Entén el valor afegit que li ofereix aquesta empresa i l'escull normalment en els seus actes de compra.

Lleialtat latent: és la combinació d'una bona actitud envers la marca amb una baix patró de repetició de compra. Es pot donar per molts motius derivats de les pròpies circumstàncies del mercat o del propi individu. Són difícils de gestionar per part de l'empresa doncs no es donen les condicions per la compra. Com exemples podríem tenir el fet d'estar lluny del punt de venda o el fet de no necessitar el producte durant molt temps (per exemple els cursos de formació)

Lleialtat espúria. combina una baixa actitud amb un alt patró de compra. Es produeix quan el client no percep diferències entre les marques i repeteix normalment les compres per motius circumstancials: es pot donar perquè hi està vinculat contractualment durant un temps, per conveniència o altres. Es coneix també com inèrcia. Es difícil de gestionar per part de l'empresa doncs no es fàcil de distingir de la lleialtat real; els signes externs són els mateixos i l'actitud no és fàcilment perceptible per part del venedor.

Falta de lleialtat. No es dóna ni actitud favorable ni tampoc compra repetidament. Són situacions on el consumidor no entén l'avantatge competitiu del producte i no en té cap predisposició favorable perquè no hi veu la diferència. Per una altra banda tampoc en compra repetidament perquè tampoc es donen circumstàncies que l'afavoreixin respecte a altres marques.

Fora d'aquesta classificació, s'ha entès que hi ha una característica específica en el sector financer que comentàvem anteriorment. Al donar-se el fet de treballar amb diferents proveïdors, és pràcticament impossible parlar de lleialtat doncs el negoci es reparteix entre diferents competidors. Per tant, trobem que és més adient parlar de *lleialtat poligàmica.* (Lam et al., 2009)

3.4 Avantatges de la lleialtat

De forma àmplia, s'ha entès que tenir clients lleials és un fet positiu per les empreses, per tots els avantatges que suposava. Aquesta és una afirmació transversal a tot tipus d'empreses i el sector bancari no és una excepció (Veloutsou et al., 2004). Encara que també hi ha hagut veus discordants en la literatura acadèmica, afirmant que perjudiquen més que no pas afavoreixen els interessos de l'empresa.

Ja des de fa molts anys s'entén que cal prestar-hi atenció tant a nivell acadèmic com professional perquè la lleialtat és profitosa per si mateixa (Day, 1969). Una afirmació sobre la rendibilitat que posteriorment ha sigut validada per altres estudis (Jones i Farquhar, 2003). I de forma especial aquest és un fet cert al sector financer (Paas, 2009).

Per l'entitat financera es considera que és avantatjós mantenir aquesta relació financera perquè vendre nous productes a aquells que ja són clients és menys costós que aconseguir clients nous (Lam i Burton, 2006). Alguna estimació considera que adquirir un nou client pot costar entre 5 i 10 cops més que el que suposa mantenir satisfet un client que ja tingui l'empresa (Kotler, 2003). Un fet que no només s'ha constatat als canals d'atenció personal físics sinó també a internet (Reichheld, 2000).

A més a més, no només és costosa la captació de nous clients sinó perquè els nous clients no són profitosos durant els primers anys que ho són. Per tant, es considera que mantenir una llarga durada en les relacions financeres afavoreix la rendibilitat dels clients bancaris (Zeithaml, Berry i Parasuraman, 1996) (Kim i Lee, 2010).

La lleialtat genera tota una sèrie de beneficis que van en cascada: primer fa que els ingressos per client i la quota de mercat de l'empresa augmenti i alhora els costos disminueixen perquè costa menys servir a un que ja ho és que fer-ne un de nou (Reichheld, Markey, i Hopton, 2000).

A nivell estratègic també ha sigut mencionat. És gairebé un mandat per l'empresa el desenvolupar la lleialtat dels clients si bé aquesta no ha d'adreçar-se a tots ells sinó que s'ha de distingir entre els que aporten més valor i els que n'aporten menys (Ganesh, Arnold, i Reynolds, 2000). En un entorn globalment competitiu, les organitzacions estan enfocades en aconseguir la lleialtat dels seus clients (Javalgi i Moberg, 1997). I alhora es considera que és un fonamental per a que una companyia sigui exitosa (Setó-Pamies, 2012).

És vist com una font d'avantatge competiu per les empreses (Lam, Regan and Burton, 2003) (Dick i Basu, 1994). A més a més de ser un actiu amb un valor a llarg termini mesurable (Yavas, Babakus, Deitz, i Jha, 2014). I important en tots els sectors, com per exemple el religiós (Constantin, F. 2014).

Finalment la lleialtat pot aportar un seguit de beneficis complementaris per a l'empresa. Els clients seran menys sensibles al preu, probablement parlaran bé del proveïdor sense que se li hagi de demanar, compraran més productes, sovint seran més barats de servir, seran menys propensos a estar negociant contínuament i les accions de màrqueting tindran major eficàcia (Bennett i Bove, 2002)(Reinartz, Thomas, i Bascoul, 2008).

La importància de la lleialtat ha sigut molt destacada en la literatura acadèmica i encara mostra major importància si tenim en compte que com hem vist, les empreses espanyoles tenen moltes entitats financeres amb les que treballen habitualment. I per tant aquestes tindran molt interès en aconseguir que els seus clients els hi siguin lleials. Al tenir diferents alternatives, el canvi a la competència és ben senzill i sens dubte la tecnologia encara ho ha facilitat més.

3.5 Desavantatges de la lleialtat

No només hi ha hagut una interpretació positiva sobre els beneficis que genera la lleialtat. El fet de que un client mostri tots els signes de ser lleial (tant en la seva actitud favorable com en el seu comportament) no significa que això generi la satisfacció del seu proveïdor financer. Potser que aquest estigui rebent més perjudicis de la relació que no pas avantatges.

En aquest sentit, hi ha hagut estudis que consideren que no es pot establir cap relació lineal entre la lleialtat d'un client i rendibilitat pel proveïdor. Així, es trobà en un estudi fet durant quatre anys i que examinà 16.000 consumidors entre particulars i empreses(de menjar, venda per correu i firmes d'intermediació) (Kumar i Reinartz, 2002). Segons aquesta investigació, el client lleial entendrà que mereix una rebaixa en els preus que li apliquen donat l'elevat volum de transaccions que realitza, a més a més també es mostrarà més sensible al preu i no hi ha proves evidents que aquest tipus de clients siguin persones que recomanin activament la seva entitat financera.

En aquesta línia, també s'apunta que només té sentit treballar en la construcció de la lleialtat d'un client si podem discriminar entre els que són rendibles i els que no ho són (Kotler, 2003). En el segon cas, la lleialtat no aportarà valor a l'empresa.

Sí serà interessant mantenir aquest tipus de clients si malgrat no mostrar inicialment rendibilitat, la poden generar en un futur pel valor que tenen. Un canvi d'enfocament sobre els mateixos, adreçant la venda a productes que tinguin mes valor afegit i major marge de rendibilitat pot canviar aquesta situació.

Capítol 4. L'acomodació creditícia

4.1 Definició de l'acomodació

Pròpiament per acomodació creditícia entenem el fet que una entitat financera concedeixi el import desitjat, en el producte i en el termini desitjat a un client. És a dir, l'adaptació de l'entitat financera de forma completa a la sol·licitud de crèdit que li faci un client.

De fet, hi ha quatre pilars que determinen el concepte d'acomodació creditícia. En primer lloc la quantitat del préstec que tenen autoritzat els clients sobre l'import sol·licitat. En segon lloc, el preu que li vol aplicar el banc en relació al que l'empresa considera que ha de pagar. En tercer lloc, el termini, havent concessions que ho són a menys temps del que l'empresa considera que necessita. I per últim, en relació a les garanties que li sol·licita el prestador per tal de concedir aquesta operació (Casasola-Martínez i Cardone–Riportella, 2009).

Aquest és un concepte que no ha sigut massa tractat per la literatura acadèmica. Sí és cert que des del punt de vista de l'anàlisi financera es troben gran nombre d'estudis sobre la concessió creditícia: s'han estudiat les necessitats financeres de les empreses, les estructures de deute més convenients o el tipus d'endeutament més adient, entre molts altres aspectes (Jiménez i Palacín, 2007) (Modigliani i Miller, 1958).

Però hi ha hagut una important desatenció des del punt de vista màrqueting. És a dir, investigar en quina mesura la concessió de una operació creditícia a una empresa la vincula de forma positiva a l'entitat financera. Si en fa canviar la seva actitud cap a ella o augmenta la seva predisposició a utilitzar més els seus serveis o comprar-li més productes. O com plantegem en la present investigació, si aquest tipus de client recomanarà l'entitat financera o acceptarà pagar-li preus més alts pel fet de sentir-s'hi lleial.

En el nostre treball, específicament ens centrem en els crèdits prestats per les entitats financeres. Si bé hi ha altres possibilitats en l'obtenció de fons aliens (com veurem més endavant), no són objecte principal d'aquesta tesi i de fet, a nivell quantitatiu, es poden considerar irrellevants en el balanços de la gran majoria de les empreses catalanes de mitjana dimensió.

Com veurem amb més detall, les entitats financeres han sigut gairebé l'única alternativa en finançament que es plantejaven les empreses. Que alhora, en el cas de les catalanes, han mantingut una en termes generals, una alta contractació de productes crediticis. Un sistema molt més utilitzat que la captació de fons per la via de capital.

Com ens recorden Jiménez i Palacín (2007), segons la teoria de l'ordre de preferència, no existeix una ràtio d'endeutament òptima doncs hi ha un problema d'asimetria d'informació i les empreses han d'ajustar les seves decisions de finançament a una jerarquia. Seguint aquesta, en primer lloc *"...serà preferible el finançament intern a l'extern. Només si els fons del primer cas fossin insuficients es recorrerà als segons. Dintre dels externs seran preferibles en primer lloc els que no tinguin cost i posteriorment els de llarg termini...deixant l'emissió d'accions com última alternativa a l'obtenció de recursos."*

En el cas català, on hi ha hagut una mancança tradicional de capitalització en les empreses mitjanes, i on tampoc hi ha un gran arrelament dels mercats de valors, menys encara per les empreses que no tinguin una gran dimensió, la única alternativa que s'ha popularitzat ha sigut la captació de fons aliens amb cost, i aquests l'han proveït els bancs i caixes d'estalvi.

Tradicionalment pel sector bancari, encara que les empreses de mida mitjana o gran tenen necessitats més difícils de cobrir, i són clients de serveis més complexes, és cert que pel volum de negoci que generen poden aportar importants comissions i altres ingressos (Tyler i Stanley, 1999b). Sent per tant, un nínxol de mercat important al que cal prestar-li interès.

4.2 Rellevància de l'acomodació creditícia

Si bé aquest concepte no ha sigut massa estudiat, quan es plantejà la seva importància es trobà que era un dels principals motius per generar lleialtat en les empreses cap a les seves entitats financeres (Lam, Regan and Burton, 2003).

Per altra banda, un dels motius per canviar d'entitat financera podria ser l'obtenció d'un important crèdit, en relació als que ja tingués, per part d'una nova entitat (Gopalan, Udell, i Yerramilli, 2007). Segons aquest estudi, les empreses tindrien un plantejament *gradual* amb les seves entitats financeres. A mesura que anessin creixent, requeririen majors serveis i imports en les seves facilitats creditícies i per tant, haurien d'anar canviant de bancs en aquesta mesura; sempre cap a entitats més grans.

En aquest sentit, l'acomodació creditícia seria un factor necessari pel creixement de les empreses, que els hi caldria per poder anar adaptant a la seva nova dimensió.

Aquest és un fet que es dóna segons els països. Per exemple, s'ha demostrat que és així en el cas de Japó on hi ha una clara distinció entre la mida dels bancs. Una empresa comença treballant amb les cooperatives de crèdit regionals fins que abasta els grans bancs de les ciutats (Uchida et al., 2008). Tot aquest serà un procés gradual on es presumeix que l'empresa va creixent, les seves necessitats es fan més complexes i progressivament va requerint d'entitats financeres més grans i millor preparades per atendre les seves necessitats.

Aquest és un fenomen que si bé es pot donar en algunes ocasions, no pot ser-ho de forma generalitzada doncs no té en compte que moltes empreses al llarg de la seva vida no arriben a créixer en aquesta proporció. La gran majoria d'empreses mantenen al llarg de la seva vida una mida microempresa o petita empresa (fins a deu treballadors). I per tant, totes les entitats financeres, àdhuc les més petites, tenen capacitat de préstec i de serveis per poder-hi treballar sempre, oferint tot el rang de productes que els hi pugui caler.

En el manteniment de les relacions amb els seus clients, els bancs han de tenir present que cada decisió de crèdit és potencialment crítica per a la continuació de la relació amb l'empresa, a diferència de altres interaccions que puguin tenir. (Ahtiala, 2005).

De fet, la probabilitat de que el client es mantingui com a tal, ve determinada en molts casos pel termini al qual li hagin concedit el crèdit. Si bé això no és sempre cert (es poden cancel·lar els crèdits de forma anticipada) sí és un factor a tenir en compte doncs durant el període en que el client mantingui aquestes obligacions contractualment, tindrà un vincle amb la seva entitat financera. Que aquesta pot aprofitar per rendibilitzar.

S'ha trobat també que els bancs posen més esforç en les sol·licituds de crèdit de les empreses amb les que tenen una important relació, si bé és cert que s'ha trobat una evidència que això tingui impacte en els comitès de crèdit (Tyler i Stanley, 2007). Aquest era una qüestió que la literatura ja havia tractat abans i que no va poder demostrar de forma fefaent; en quina mesura el fet de tenir una important relació amb el banc incidia en la negociació dels crèdits bancaris per aquella empresa (Elsas, 2005).

En un treball realitzat l'any 2011, en l'àmbit espanyol, l'oferta econòmica dels bancs i caixes era el primer motiu per escollir l'entitat principal per treballar. Per oferta econòmica s'entenia no només les condicions econòmiques sinó també que s'hagués resolt un problema de finançament a l'empresa (Inmark, 2011). En el mateix estudi, aquest motiu també era el més important per intensificar el treball amb una entitat concreta. Així mateix, els informes Pymes que elabora la Comissió Europea també destacaven aquesta preocupació de les empreses (Act et al., 2014).

4.2.1 La concessió de crèdits per part de les entitats financeres

Sense voler entrar en aquest estudi en les particularitats de l'anàlisi dels estats financers que porten a la concessió d'operacions de risc per part d'entitats financeres, sí cal fer esment dels principals aspectes que envolten les decisions bancàries en aquesta matèria.

La relació creditícia d'una empresa amb el seu banc es basa en tres pilars fonamentalment. En primer lloc, les característiques del prestatari (la mida de l'empresa, la seva qualitat creditícia o ràting, si és una societat cotitzada o no, etc.). En segon lloc les característiques del banc (tipologia de banc, mida, estructura cooperativa o no, etc.). I per últim és també la situació del mercat que existeixi en el moment de la sol·licitud (regulació del sector, situació econòmica general, nivell de competència en el mercat, etc.).

Cal tenir en compte també, que la literatura acadèmica ha destacat la importància que té el finançament en la relació entre l'empresa i el banc (Tyler i Stanley, 1999b). De fet hi ha qui considera que si no hi ha finançament no es pot parlar de relació. O si més no que cal diferenciar un tipus de relació de l'altra (Neuberger et al., 2006) doncs són completament diferents.

Per altra banda, les decisions de crèdit s'han de prendre tenint en compte la informació que es té de les empreses. I en aquest sentit cal diferenciar entre l'anomenada *hard information* i la *soft information*. La primera es refereix a la informació purament financera, és a dir, la quantitativa que ens faciliten els estats comptables de l'empresa. Mentre que la segona és la informació generada per la relació amb l'empresa. Només és possible obtenir-la d'aquells que ja són clients de l'entitat i s'obté veient l'operativa que manté l'empresa. Ajuda a conèixer quina és la posició de l'empresa en el seu mercat, com es percep la qualitat dels seus productes, etc. (Gopalan et al., 2007).

Aquesta informació *propera* o de *relació* arriba a les entitats financeres sobretot mitjançant les seves oficines i el seu personal. És molt adient pel mercat espanyol si tenim en compte l'alta capil·laritat de les oficines bancàries i el seu elevat nombre de personal (V.V.A.A, 2006).

Depenent dels països, un d'informació té més importància que l'altra. Per exemple al Japó, es basen de forma principal en la informació financera que presenta el client mentre que la informació obtinguda mitjançant la relació amb l'empresa es té menys en compte (Uchida et al., 2008). Tampoc es valoren de forma destacable els actius que es puguin aportar en garantia per l'empresa o altres colaterals possibles de l'operació.

Segons Uchida et al (2008), la informació de relació seria un recurs més adient per les entitats més petites, que tenen major proximitat amb el seu client i per tant és més factible que la puguin obtenir. En canvi, les grans entitats, al tenir eines d'estudi quantitatiu més avançades, seran capaces de realitzar un millor tractament de les dades, és a dir, de la informació financera. A més a més, al treballar amb un volum gran de clients, no tenen més remei que fer-ho així. No es pot sistematitzar completament la informació que s'obté de forma individual en cadascuna de les oficines bancàries.

La informació de relació (*soft information*) també és més apropiada per mitjanes o petites empreses que no tenen informació financera tan precisa i contrastada com les grans. Donat que tenen menys recursos, també tenen menys capacitat de generar informació de qualitat i per tant les converteix en empreses més opaques (Neuberger et al., 2006). Legalment tenen requisits més laxes en la presentació de la informació. A més a més, el fet de ser de propietat familiar en molts casos, sense tenir socis externs, desincentiva que s'inverteixi en eines per obtenir informació precisa de control.

Altres autors (Soley, 2011) associen aquest tipus de banca anomenat relacional, fonamentada en la proximitat al client, amb l'anomenada banca comercial. Així, la banca transaccional, basada en la informació financera i purament quantitativa seria la que habitualment utilitzaria la banca d'inversió. En aquest cas, la tipologia de finançament és diferent, es centra més en les operacions que tenen una gran importància per les empreses destinatàries (com poden ser els casos de reestructuracions financeres de tot el deute o la inversió necessària per l'adquisició d'una nova companyia).

La banca relacional presenta dues característiques distintives en la recollida d'informació i en la presa de decisions creditícies. Per un costat inverteix en la obtenció d'informació privada que utilitzarà per prendre les decisions. Aquesta es basarà en aquells aspectes que només es poden conèixer per proximitat amb el client. Podria ser el cas de la posició de l'empresa en el mercat, la fiabilitat tècnica dels seus productes o la seva reputació corporativa.

I en segon lloc, avaluarà la rendibilitat de les inversions a través d'interaccions múltiples amb el mateix client (V.V.A.A, 2006). És a dir, no es posarà un preu a un servei pensant només en extreure el màxim profit del mateix sinó que caldrà tenir en compte tant el global de rendibilitat que s'ha obtingut amb aquest client així com el potencial de seguir-ne obtenint en el futur.

4.2.2 Precaucions de les entitats davant l'acomodació creditícia

Que les entitats financeres s'acomodin completament als desitjos i necessitats financeres de les empreses amb les que treballen, no és una decisió que es prengui sense fonament per la seva part. A part dels propis càlculs sobre la capacitat de retorn de les empreses o de la seva solvència (que no és objecte d'aquesta investigació), hi ha altres condicionants que afecten la decisió.

El fet de concedir un crèdit per part d'un banc amb menys informació que un altre pot ser precisament per la manca d'informació que comentàvem amb anterioritat. És a dir, que el banc principal sí conegui suficients motius per a la denegació en virtut de la seva relació amb aquell client, informació que no tenen altres participants del mercat (Moriarty, Kimball i Gay, 1983).

El mercat de crèdit per les mitjanes i grans empreses és bàsicament local; per una qüestió d'asimetria de la informació, les entitats que siguin més a prop de les empreses tindran major informació sobre aquestes (Neuberger et al., 2006). I per tant, un criteri més afinat per atorgar un préstec.

Cal tenir present que bona part de la informació necessària per avaluar una petició de crèdit no és pública ni fàcil d'obtenir. En el cas de l'estat espanyol són públics els estats financers de les empreses d'exercicis passats, però no ho és la comptabilitat que durant l'any va generant una empresa de forma interna. Entre els diferents competidors financers, aquell que posseeixi més informació i de qualitat estarà en una posició avantatjosa.

Aquesta asimetria és un fet conegut i serveix als bancs per evitar el que s'anomena *maledicció del guanyador*. Aquest és un aforisme que pretén explicar el problema d'aconseguir un negoci quan de fet aquest no és desitjable per qui l'aconsegueixi sinó tot el contrari. És a dir, endur-se aquell negoci que altres més ben informats han refusat precisament perquè saben quelcom més i han pogut valorar millor el risc. (Ongena i Smith, 1998).

Des d'una perspectiva semblant s'ha estudiat aquest fenomen com un risc de selecció adversa. Una empresa que té una sol·licitud de crèdit la formula davant una entitat que no té tanta informació com una altra que li ha denegat o sap que li denegarà. L'intermediari financer que està mancat d'aquests coneixements, pot acabar realitzant una venda que no sigui interessant per ell pel risc que comporta. Però no té les eines suficients per valorar-ho correctament perquè la informació de la que disposa és insuficient.

A més a més pot acabar succeint que aquest nou prestador, més desinformat sobre el risc real de l'operació, ofereixi un millor preu al client, entenent que competitivament és una bona oportunitat per aconseguir una venda i generació de noves possibilitats de negoci en el futur amb aquella empresa (Ongena i Smith, 1998).

Aquesta situació es produeix d'una forma especial amb les PIMES, doncs com apuntàvem anteriorment no posseeixen ni tanta informació ni de tanta qualitat com les grans empreses (Iturralde et al., 2010).

L'intermediari financer que hagi guanyat el client sempre tindrà la sospita de per què l'empresa ha deixat el seu proveïdor actual i aquest no l'ha intentat retenir. És a dir, si ja era client d'un banc i hi mantenia una bona relació, quan li varen demanar una facilitat creditícia per què aquell banc no li va fer una oferta suficientment bona per retenir-lo.

Si com hem vist, la relació bancària va més enllà d'un simple intercanvi de serveis per un preu, i implica molts altres components, el fet de deixar un proveïdor ja conegut tan sols per una qüestió de preu, especialment si no hi ha massa diferència entre els dos oferts, pot fer aixecar sospites al nou prestador sobre la qualitat creditícia del client.

4.3 Altres fonts de finançament de les PIMES

Si bé existeixen alternatives al finançament bancari per a les PIMES, de moment no han aconseguit plantejar com una alternativa real en la gran majoria dels casos. Tradicionalment a l'estat espanyol el finançament empresarial ha tingut un fort component bancari (Guaita, 2015). Deixant el pes de les altres alternatives en el finançament de les empreses a un nivell testimonial, encara que existeixi alguna excepció sobretot en el cas de les multinacionals (Ayuso, 2013).

Per altra part, és irrellevant el percentatge d'empreses autofinançades només amb els seus recursos propis a l'estat espanyol. El crèdit bancari és gairebé l'única font de finançament per un gran nombre d'empreses (Martínez, 2014). L'empresa espanyola, a més a més, tradicionalment ha sigut aliena a qualsevol finançament que no fos el bancari (González Nieto i Giralt, 2011). És a dir, de les poques opcions diferents que si li poguessin plantejar, han sigut rebutjades de forma majoritària per les mitjanes i petites empreses.

De fet, aquest ha sigut un dels principals problemes que s'han detectat en la recent crisi econòmica. La restricció creditícia que acompanyà la crisi es va mostrar com un gran impediment per a la recuperació econòmica. El fet de no disposar d'alternatives als recursos que prestaven els bancs i les caixes d'estalvi (la situació dels quals era complicada en molts casos), suposà un entrebanc per a la revifada de les empreses, que en molts casos no trobaven cap fórmula per tirar endavant els seus projectes d'inversió.

S'han apuntat quatre raons principals per les quals les PIMES havien mantingut aquesta actitud d'indiferència respecte a les alternatives a les entitats bancàries. Per un costat, les grans facilitats de crèdit ofertes tradicionalment per les entitats financeres. En segon lloc, el temor dels empresaris a usar un finançament que d'alguna manera posés en perill la seva propietat. En tercer lloc, la major transparència i regulació que requerien els mercats financers, a la que no estaven acostumats. I per últim, el major cost econòmic d'aquestes vies de finançament.(González Nieto i Giralt, 2011).

Altres autors també s'expressaven en la mateixa línia; les empreses no tenien cap necessitat de buscar alternatives doncs hi havia suficients entitats al mercat i amb liquiditat suficient per atendre la demanda creditícia (J. Hernando i Pedroza, 2013). Així, coneixent el producte bancari i sentint-se més còmodes que amb altres possibilitats, els empresaris no tenien tampoc massa incentius per canviar la seva forma tradicional de finançament.

Com podem observar en el següent gràfic, el percentatge d'empreses que hagin captat fons externs diferents als bancaris és molt petit.

	2010					2011	
	I.T.	II.T.	III.T.	IV.T.	Promig anual	I.T.	II.T.
Capital Risc	3,3	3,8	3,3	3,0	3,3	3,5	3,8
Business Angels	0,8	1,0	0,8	1,0	0,9	0,8	0,0
Capital llavor	0,5	0,3	0,5	0,5	0,4	1,0	0,0
Préstecs participatius	0,8	1,0	2,0	1,8	1,4	2,0	2,3
Instruments financers de la Comissió Europea	0,0	0,0	0,0	0,3	0,1	0,5	0,3

Taula 4. Captació de fons en altres sectors no bancaris.
(Comercio, 2011)

També és cert, que per part de les empreses que poguessin estar interessades en altres alternatives, aquestes eren més costoses i de difícil accés. El mercat no tenia capacitat d'obtenir suficient informació per valorar aquesta demanda de crèdit i en cas d'acceptar-la ho havia de fer a un preu molt superior, per vèncer l'asimetria d'informació que es produïa en relació a les entitats financeres que ja tenien aquestes empreses com a clients des de feia anys (J. Hernando i Pedroza, 2013) (Wang et al., 2012).

Cal afegir que la participació en els mercats de valors requereix d'altres condicionants. Hi ha d'haver uns agents i uns mitjans difusors de la informació. Que alhora promoguin el coneixement dels mercats i les seves característiques (assessors d'empresa o bancs d'inversió per exemple). Es necessari també que existeixi una cultura financera i voluntat d'inversió per part de les famílies i els particulars, que estiguin disposades en primer lloc a obtenir la informació i analitzar-la i en segon lloc a invertir-hi. I finalment cal un suport tècnic, que en facilitin la contractació o difonguin els preus de cotització. (Segarra i Carrillo, 2013)

Tot plegat comporta que les petites i mitjanes empreses depenguin en gran mesura de la banca per escometre els seus projectes, quedant els mercats de capital reservats per a les grans empreses (Iturralde et al., 2010). I això és especialment cert en països on aquests mercats de valors no han tingut un gran desenvolupament i no tenen un nombre massa elevat d'empreses cotitzant.

Aquesta situació es dóna certament en l'estat espanyol. Si bé és cert que no tots els països són iguals. Als EUA i Regne Unit els mercats de capital estan molt més desenvolupats que als països europeus continentals, on no hi ha tanta tradició de cotització i inversió (Iturralde et al., 2010). A tall d'exemple, mentre a Espanya més del 70% del finançament empresarial prové de la banca, a EEUU més del 80% ve de mercats diferents al bancari (PWC Servicio de estudios, 2013)

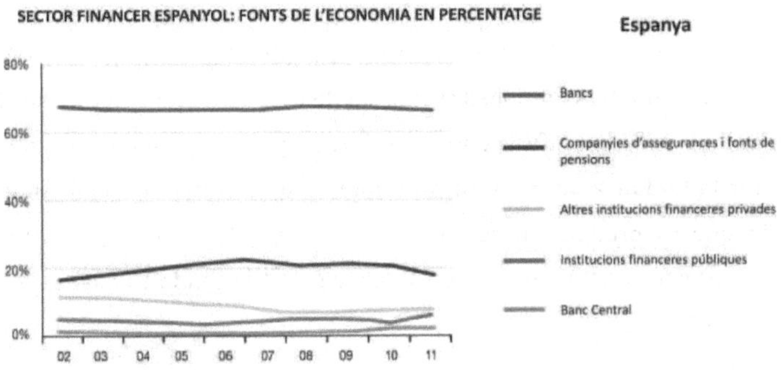

Figura 17. Diferents fonts de finançament de l'economia espanyola.
(PWC Servicio de estudios, 2013)

Es pot distingir també entre escenaris més propers, doncs dins mateix d'Europa també hi ha diferències considerables. Tant França com Alemanya tenen percentatges de finançament no bancari al voltant de la meitat del deute de les seves empreses (55 i 45% respectivament) mentre que a Itàlia i Espanya aquestes xifres es redueixen considerablement (30 i 22% respectivament).

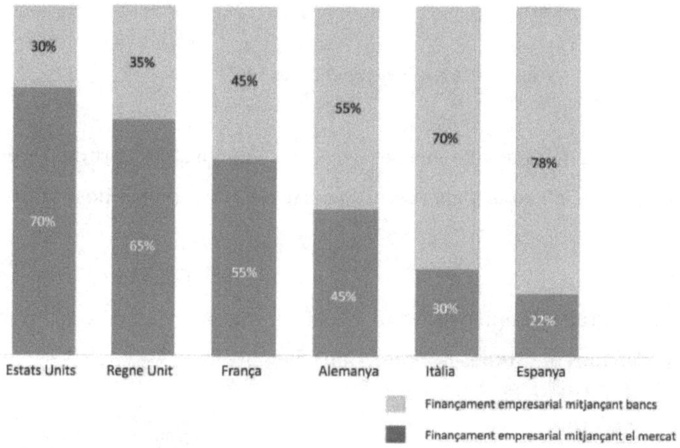

Figura 18. Fonts de finançament de les empreses.
(Axesor, 2013)

Per altra part, en conjunt a l'estat espanyol el nivell d'endeutament de les empreses supera de mitjana els seus fons propis, el que denota una elevada necessitat d'obtenir fons externs per part de les empreses. Si com comentàvem, la majoria d'aquests fons només els poden aportar els bancs, això implica que les empreses acabin tenint una gran dependència del sistema financer.

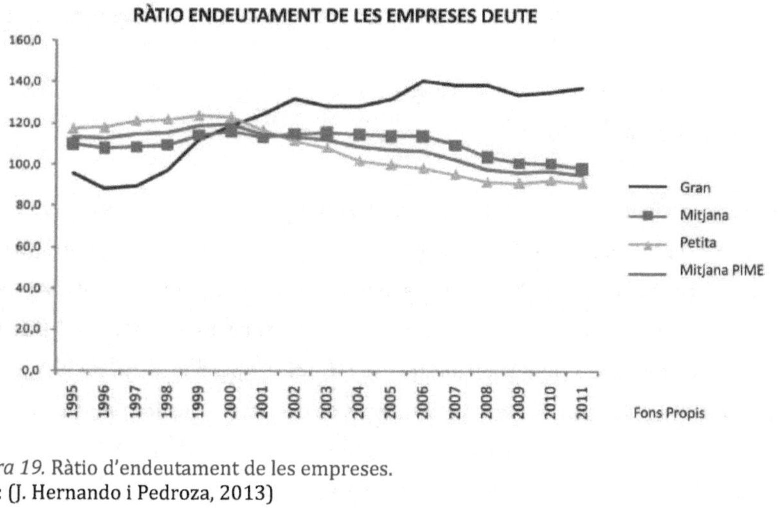

Figura 19. Ràtio d'endeutament de les empreses.
Font: (J. Hernando i Pedroza, 2013)

4.3.1 Les alternatives existents a la captació de fons

Encara que hi ha més alternatives per la captació de fons per part de les empreses petites i mitjanes, en aquest apartat es fa esment de tres que es pot considerar que tenen major rellevància.

En el següent gràfic s'esquematitza tant les diferents alternatives com els moments en que serien més oportunes per cada tipus d'empresa,

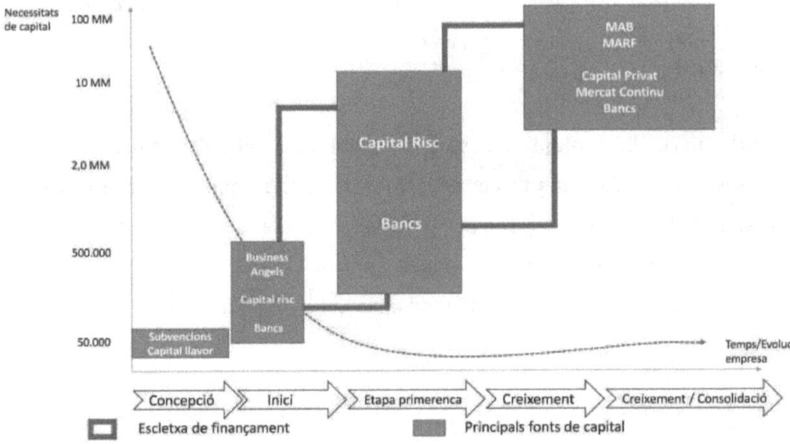

Figura 20. Alternatives per al finançament empresarial.

(Wardrop et al., 2015)

Altres possibilitats, com pot ser l'anomenat Crowlending, que es basa en els préstecs entre particulars, han tingut una incidència gairebé insignificant en el mercat creditici actual. El 2014 les empreses aconseguiren un import de 62 milions d'euros en tot l'estat espanyol (Wardrop, Zhang, Rau, i Gray, 2015). Si bé és gairebé el doble que l'any anterior, que se'n captaren 35, són xifres molt modestes en relació al volum total de crèdits existents en el sistema financer espanyol.

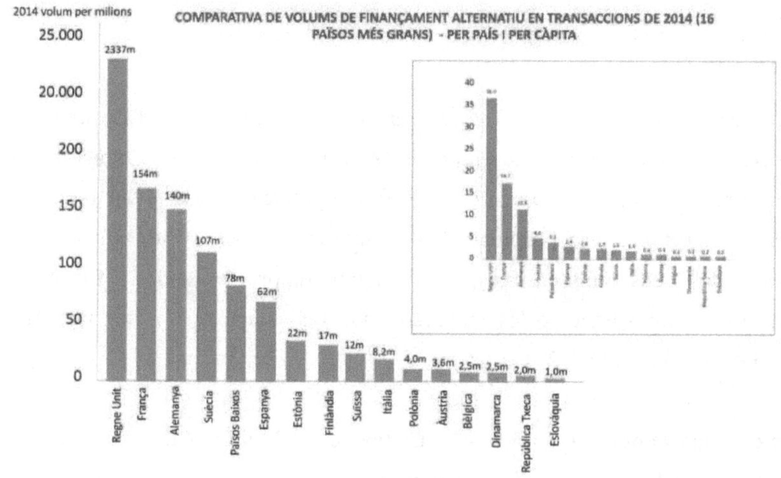

Figura 21. Esquema comparatiu de al inversió alternativa bancària dels estats. (Wardrop et al., 2015)

Com es pot apreciar, les xifres de l'estat espanyol queden molt lluny de les del Regne Unit (2.337 milions d'euros) però a prop d'altres països com poden ser Suècia o Holanda. El Regne Unit és un estat pioner en aquest mercat, havent-ne desenvolupat una normativa específica. Fet que s'afegeix a la importància de Londres com a centre financer d'abast mundial i per tant catalitzador de molts fluxos inversors.

Malgrat aquestes xifres modestes hi ha una perspectives optimistes sobre el desenvolupament futur del mercat. Sempre i quan es donin certes condicions afavoridores. En primer lloc s'ha de despertar l'interès dels inversors institucionals, aquells que poden fer augmentar el nombre de transaccions i el volum de les mateixes. Per altre costat s'ha de aclarir els drets i obligacions que comporten aquestes operacions per tots els intervinents. Ajudaria també l'establiment d'un organisme regulador, que donés confiança i realitzés una tasca d'intermediació i àrbitre entre els participants. I finalment, fora important també que anessin sorgint estudis i institucions interessades en el sector i que en fessin una difusió constant (Wardrop et al., 2015).

4.3.1.1 Els mercats de valors. MAB. Mercat Alternatiu Borsari

La cotització en els mercats de valors presenta una sèrie d'avantatges i inconvenients coneguts per les empreses. A part de ser un mitjà alternatiu al finançament bancari, el fet de cotitzar de forma pública suposa poder tenir una valoració objectiva de la propietat dels accionistes. A més a més, afavoreix la liquiditat dels seus títols en cas que es vulguin comprar o vendre. I finalment, augmenten la notorietat de les empreses, que tenen així una major projecció pública (Segarra i Carrillo, 2013).

Bé és cert que comporten una sèrie d'inconvenients. En primer lloc, l'empresa ha d'estar disposada a fer un exercici important de transparència. El Mercat vol conèixer l'empresa, els seus negocis i els seus estats financers. L'inversor tenir informació sobre els fets rellevants que puguin tenir impacte sobre els diners que hi ha confiat i això obligarà a l'empresa a donar explicacions constantment i de forma àmplia.

Tampoc cal oblidar els costos associats que comporta ser en un mercat. Inicialment, n bona part es tracta de costos fixes vinculats a pagaments d'assessors i advocats per acomplir tots els tràmits legals. Posteriorment també s'han de seguir utilitzant per donar compliment a tota la normativa. Tot plegat suposa que si l'import captat en el debut borsari no és molt elevat, o la xifra de negocis de l'empresa tampoc ho és, poden acabar suposant un cost considerable en relació a la mida de l'empresa.

Tenint present això, el MAB (Mercat Alternatiu Borsari) fou creat l'any 2006 sota la supervisió de la societat BME (Borses i Mercats Espanyols), per facilitar la cotització de les Sicav. Es tractava de posar en marxa un mercat controlat per aquests organismes però que fos autoregulable, és a dir, que comptés amb unes normes de funcionament pròpies.

Fou finalment l'any 2009 quan es posà en marxa la secció MAB per empreses en expansió (MAB-EE) que permetia a les PIMES la cotització amb la finalitat de poder obtenir fons aliens. Estava pensat per empreses que tinguessin un projecte concret d'expansió, que alhora havien d'explicar amb profunditat al mercat i que els diners sol·licitats i estiguessin destinats.

Els requisits d'admissió eren més laxes que en un mercat de valors tradicional. Requerien, a més a més dels propis tràmits administratius, que l'empresa fos una societat anònima i que com a mínim mantingués 2 milions d'euros de *free float* (import de les accions negociables al mercat).

Per ajudar en aquest procés, es creava una nova figura anomenada *assessor registrat*. Es configurava como un intermediari entre el mercat i l'empresa; seria el responsable de complir tots els tràmits, preparar correctament la documentació requerida i donar suport en els aspectes tècnics. Si sorgia qualsevol problema en aquestes tasques, ell en seria interlocutor i responsable conjuntament amb la societat cotitzada.

En els seus cinc primers anys de vida (2009 - 2014), el MAB aconseguí unes xifres de captació de fons molt discretes i allunyades de mercats de característiques similars com el francès o l'anglès.

En comparació amb dos països propers com França (Alternext) i Gran Bretanya (AIM), el nombre d'empreses espanyoles cotitzades fou modest. Bé es cert que el període examinat coincidí amb una forta crisi econòmica en l'estat espanyol, que no afavoria l'èxit d'iniciatives d'aquest tipus. No era un moment idoni ni per sortir a cotitzar (les perspectives del futur no podien ser optimistes) ni per captar inversors (temorosos de la seguretat dels seus diners).

No ajudava tampoc la poca tradició en inversions d'aquest tipus que existia a l'estat espanyol. Malgrat tot, les diferències de volum respecte a altres mercats són prou eloqüents.

Concepte	AIM	Alternext	MAB
Any d'inici al mercat	1995	2005 Paris 2006 Bussel·les i Amsterdan	2009
Nº d'empreses llistades (des 2013)	1.087 Empreses	184 Empreses	23 Empreses
Capitalització borsària	75.928 Milions de lliures	7.163 Milions de dòlars	1.667 Milions d'euros

Taula 5. Comparativa entre AIM, Alternext i MAB.
Font: (Martínez, 2014)

El global del volum captat en milions d'euros tampoc fou especialment significatiu. Ni s'incrementà excessivament d'un any a un altre.

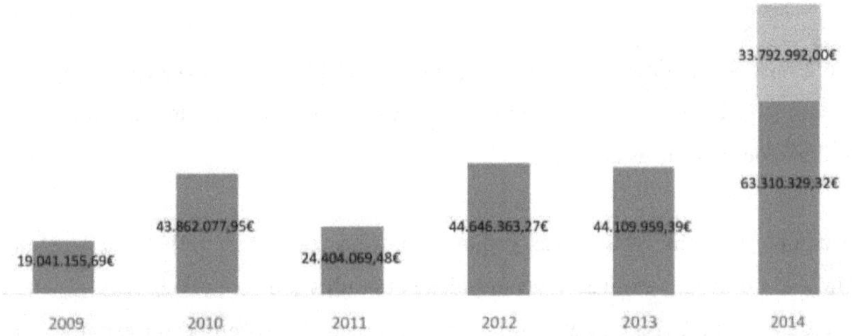

Figura 22. Captació de fons pel MAB en el període 2009 – 2014.
Font: (Grup, 2014)

L'impacte del mercat no es pot considerar rellevant en el sistema empresarial espanyol. A finals de 2014 , hi havia 21 empreses cotitzant. Però és destacable que en aquell mateix any, havent incorporat 4 empreses noves, dues de les que ja estaven presents havien sigut expulsades, i quatre havien sigut suspeses de cotització.

Any	Surten a cotitzar	Expulsades	Suspeses	Netes	Acumulades
2009	2	-	-	2	2
2010	10	-	-	10	12
2011	5	-	-	5	17
2012	5	-	-	5	22
2013	1	-	-	1	23
2014	4	2	4	-2	21

Taula 6. Nombre d'empreses cotitzades al MAB en el període 2009 – 2014.
Font: (Guaita, 2015)

Tot plegat, el cúmul de circumstàncies no afavorien la confiança de les potencials empreses cotitzades en aquest mercat ni dels possibles inversors per tenir-lo present entre les seves alternatives.

A més a més, segons el dades del propi MAB (Grup, 2014) cap de les empreses cotitzades no complien en aquell exercici les projeccions financeres que elles mateixes havien fet anteriorment en tres importants variables (xifra de negocis, resultat net i EBITDA).

Aquest és un fet a tenir molt present. Si un mercat té poca difusió i per altres motius no està tenint massa impacte en el sector empresarial (on es coneix poc i no desperta massa interès), és molt important que la informació que es pugui aconseguir sigui positiva. Si com és el cas, les projeccions que feien les empreses sobre com seria la seva evolució no es compleixen posteriorment, llavors creix de forma indefectible la desconfiança cap a ell.

En conclusió, aquest mercat no s'ha establert com una alternativa real per el teixit empresarial. Hi ha diferents motius que no ajudaren. En primer lloc, el fet de no tenir una gran tradició inversora en mercats de capitals no beneficiava la consolidació d'un de nou i l'atracció dels capitals inversors. Alhora això també comportava que les empreses que estaven cotitzant no poguessin oferir liquiditat a les seves accions (obligant al comprador a tenir una permanència llarga com accionista, independentment de la seva voluntat).

Per altra part, entre les empreses petites i mitjanes no despertà massa interès, doncs en general aquestes donaven major pes als inconvenients que als avantatges. I finalment, els costos comentats foren en general molt importants percentualment per les empreses que es decidiren a entrar donat el petit volum de fons que captaren (Segarra i Carrillo, 2013).

4.3.1.2 Mercat d'emissions de renda fixa

Es tracta d'un mercat que llevat per a les empreses financeres i l'administració pública no ha tingut cap transcendència a nivell espanyol. De fet, les empreses presents han sigut de la mida de Gas Natural, Telefònica o Abertis. Sense que hi hagi entrat cap empresa de menor mida.

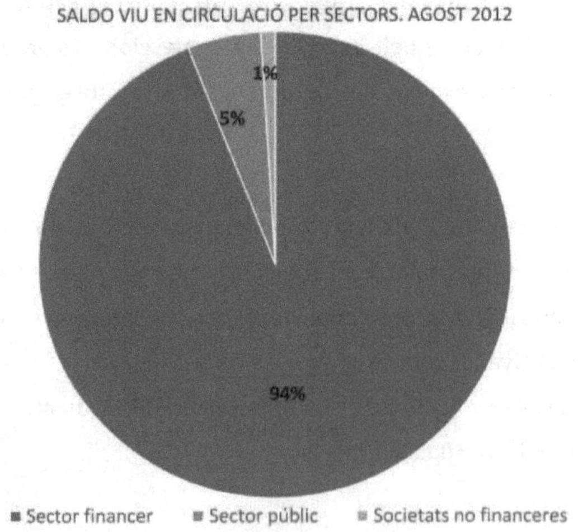

Figura 23. Volum d'emissions al MARF.
Font: (Axesor, 2013)

Per contra, un mercat de deute que sí s'ha mostrat amb gran èxit, ha sigut l'alemany. Establert el 2010, tres anys després ja havia captat 3.000 milions en deute corporatiu d'empreses de mida mitjana (les empreses tenen una facturació mitjana de 144 milions d'euros) (Axesor, 2013)

4.3.1.3 MARF

Els mercats alternatius de deute per a PIMES aparegueren a Europa com una nova opció a les fonts que ja eren presents com els mercats de valors o els mercats majoristes de bons, que eren excessivament grans per a les PIMES (Lamothe i Monjas, 2013)

En el cas de l'estat espanyol, el MARF fou creat l'octubre de 2013, amb l'ombra del rescat bancari espanyol a sobre i per intentar facilitar l'accés al finançament de les PIMES espanyoles. Aquesta fou una nova iniciativa destinada també a pal·liar els problemes derivats de la restricció creditícia de les empreses, derivada de la crisi financera. Es pretenia establir un mercat que fos accessible a la majoria del teixit empresarial, que tenien unes xifres de facturació i un balanç molt allunyat de les grans corporacions.

El ministre d'Economia espanyol Luis de Guindos anunciava el setembre de 2012 la creació del MARF amb *"l'objectiu de desenvolupar un mecanisme que permeti a les empreses solvents i sanes accedir a la liquiditat a curt i mig termini per a que puguin gestionar el seu fons de maniobra, atraient el capital d'inversors institucionals nacionals i estrangers".*

De fet, en aquell moment les PIMES eren en el centre d'atenció de les autoritats europees, que sol·licitaven la creació de mercats destinats a les *PIMES en expansió.* Així mateix, durant el període en que el Fons Europeu d'Estabilitat Financera prestà suport a les autoritats espanyoles, aquestes es comprometeren a prendre mesures per fomentar la intermediació financera no bancaria en aquest sector empresarial (J. Hernando i Pedroza, 2013).

Igual que en cas del MAB, el MARF s'integrà dins del de Bolsas y Mercados Españoles i també quedà sota la supervisió de la CNMV. Els seus requisits d'admissió eren més flexibles que els del mercat corporatiu, sent l'emissió mínima exigida de 100.000 euros. Per millor protecció de l'inversor era un mercat que quedava restringit a inversors institucionals. Alhora, les autoritats competents havien de desenvolupar totes les tasques de supervisió necessària per assegurar que la informació difosa reflectís fidelment la realitat.

L'activitat registrada també fou modesta. L'any 2014 es comptaven 13 emissions realitzades, amb un nominal total de 1.228 milions d'euros (Guaita, 2015).

En aquest mercat es considerava que un possible segment objectiu d'empreses que encaixarien en el mercat tindrien aquestes característiques.

Ebitda	12-400 M€
Rating Estimat	Superior o igual a BB
Tipologia d'empresa	Gran - Mitjana
Estructura	Matriu no estrangera o no cotitzada a IBEX
Deute / Ebitda	Menor que 4 òptim 3 (Desprès d'emissió)
Var. Facturació 11 -12	Superior a un 5%

Taula 7. Requisits de les empreses potencials per al MAB.
Font: (Axesor, 2013)

En el mercat europeu hi ha diferents iniciatives semblants. Actualment els mercats d'aquest tipus més importants a Europa són;

— Nòrdic ABM (Noruega)

— Mercado BondM (Alemanya)

— Alternext (Paris, Amsterdam, Brussel·les, Lisboa)

Índex de satisfacció	Autor	Nº d'empreses / indústries	Nº de clients	Mètode d'entrevista
"Swedish Customer Satisfaction Barometer" (SCSB)	Fornell (1992)	115 empreses en 32 sectors industrials	23.000	Telefónica
"American Customer Satisfaction Index" (ACSI)	Fornell et al. (1996)	200 empreses en 35 en sectors industrials de 7 sectors de l'economia	29.000	CATI (Computers Assited Telephone Interviewing)
"Norwegian Customer Satisfaction Barometer" (NCSB)	1ª versio: Andreassen y Lindestad (1998)	42 empreses en 12 en sectors industrials Relacions B2B i B2C	-	CATI
	2ª versio: Jonhson et al. (2001	Aprox. 15 empreses en 5 sectors econòmics	2.755 aprox 200 per empresa	Telefònica
"European Customer Satisfaction Index" (ECSI)	Ekiöf (2000)	11 països d'Europa	Aprox 50.000 mínim 250 per empresa	-
"Hong Kong Customer Satisfaction Index" (HKCSI)	Chan et al. (2003)	60 productes	Aprox. 100.000 180 clients per producte	CATI

Taula 8. Principals característiques dels mercats alternatius de bons europeus.
Font: (Lamothe i Monjas, 2013)

En definitiva, per l'arrencada definitiva i consolidació d'aquest mercat cal que es donin una sèrie de condicions. En primer lloc, i com a condició prèvia és necessari que la situació econòmica espanyola segueixi millorant, el qual atraurà a més potencials interessats en emetre deute. Per una altra part, la rendibilitat d'aquestes emissions s'haurà d'ajustar al risc que comporti, el qual tindrà a veure amb la correcta qualificació creditícia que s'haurà de fer dels emissors. Aquests hauran de ser empreses solvents, amb capacitat de tornar el deute emès però alhora que tinguin necessitats de finançament; el que succeirà sempre que comptin amb projectes d'expansió del seu negoci i un sòlid compte de resultats.

4.3.1.4 El capital risc

Podem entendre el capital risc com una alternativa de finançament empresarial que està pensada sobretot per empreses de mida mitjana i petita. Consisteix en *"l'aportació de capitals permanents, per part d'una societat inversora especialitzada...per tal de prendre una posició minoritària en la societat receptora."* (Olaya i Vieira, 2011). *Diccionario de finanzas*. Diario Expansión.

Seguint a Olaya i Vieria, podem destacar les principals característiques d'aquest tipus d'inversió,

1. Es tracta d'un instrument de finançament, pel qual una empresa obté recursos de capital per desenvolupar els seus projectes d'inici o creixement.
2. L'inversor participa en el capital social de l'empresa, ja sigui adquirint accions o altres instruments de patrimoni.
3. Normalment està adreçat a PIMES. Aquestes, al presentar un major risc, tenen dificultats per accedir a d'altres tipus de finançament. I han d'accedir a cedir part de la seva propietat, fent-ho llavors també dels potencials beneficis futurs que pugui aportar aquesta inversió.
4. Aquesta inversió acostuma anar associada a algun projecte de creixement o expansió, per al qual es sol·liciten els fons. Però no és així en tots els casos, com veurem a continuació.

Hi ha diferents circumstàncies que poden donar peu a aquest tipus d'operacions,

1. Injecció de diners a empreses que acaben de néixer. És el conegut com *seed capital*. És la inversió que es pot fer en estat més embrionari de l'empresa. Acostumen a anar adreçades a despeses preliminars com poden ser els estudis de mercat o desenvolupament de productes. Si bé és una inversió amb un grau de risc molt elevat, acostuma a requerir d'un volum petit de fons.

2. Inversions en *start-up*. La tipologia pot ser molt variada però són empreses que generalment ja tenen un producte desenvolupat i poden haver fet ja alguna venda. Necessiten el capital per anar introduint-se al mercat i establir una primera estructura empresarial. Habitualment solen establir diferents rondes de finançament vinculades a la consecució de les diferents fites que ha d'aconseguir l'empresa.

3. Capital d'expansió. Destinat a projectes concrets que vulgui desenvolupar l'empresa. Solen ser empreses que ja han tingut més recorregut al mercat, on ja solen tenir una presència. Es pot tractar de desenvolupaments tecnològics o

processos d'internacionalització, per exemple.

4. Adquisicions amb endeutament. Diners destinats a la compra d'una empresa i que acostumen a anar acompanyats d'alguna operació de crèdit de la que respondrà la pròpia empresa comprada. Aquest instrument ha sigut fet servir per compres d'empreses per part de l'equip directiu de la mateixa adquirida (conegut com Management Buy-Out) o fórmules semblants.

5. Capital destinat a reestructuracions. Operacions que es plantegen amb empreses amb dificultats econòmiques o que requereixen d'importants transformacions en el seu negoci.

A nivell de l'estat espanyol, l'any 2014 fou un bon exercici pel sector. Es captaren 4.801 milions d'euros de nous fons, dels quals 2.736 foren aplicacions de fons internacionals, 1.822 operadors nacionals privats i 243 milions (la resta de l'import) ho fou per operadors nacionals del sector públic (Barthel i Alférez, 2015).

Aquestes són xifres semblants a l'activitat prèvia que hi havia a la crisi iniciada l'any 2008. De fet, el major volum d'operacions es feu el quart trimestre de l'any (que concentrà el 40% de les mateixes), propiciant així que hi hagués unes perspectives molt positives per l'any 2015.

En 2014, es produïren un total de 580 operacions, en un ampli rang de mides que abastava des d'operacions per sobre dels 100 milions d'euros malgrat la gran majoria (un 76,5%) ho foren d'imports inferiors al milió d'euros.

Si bé aquestes xifres es poden considerar elevades, aquesta forma d'inversió és molt puntual en l'estat espanyol. La falta de penetració en la mercat és semblant a la que ocorre en el cas dels mercats de valors. Pel costat de la demanda, els inversors, cal dir que no són nombrosos (també derivat del fet que no hi ha hagut una tradició inversora en aquests sentit), no són massa coneguts i tampoc existeix una plataforma unitària on estiguin concentrats.

Per part de la demanda, ha sigut constatat que en l'empresariat espanyol existeix un clar temor a perdre o haver de compartir la propietat (Segarra i Carrillo, 2013). A més a més, en general les empreses són desconeixedors del que comporten (en quant a deures i obligacions) aquest tipus d'operacions i alhora tampoc existeix una informació fluïda i clara sobre les mateixes que sigui pública o estigui disponible pels que puguin estar interessats.

Com podem apreciar en el gràfic següent, les xifres d'inversió a l'estat espanyol estan molt lluny de les d'altres països europeus.

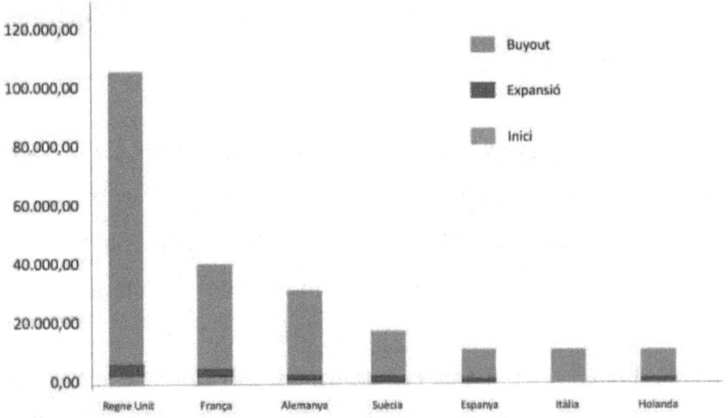

Figura 24. Compartiu d'inversió en capital risc en diferents estats.
Font: (Olabarrieta, 2013)

4.3.1.5 Altres fonts de finançament públic.

Malgrat trobar-nos en una economia de mercat, no es pot obviar l'important paper que les administracions públiques tenen al mercat. No tan sols a nivell regulador o perquè són un important agent comprador o proveïdor de serveis. També perquè una de les funcions que s'ha assignat és la millora de la competitivitat de les seves empreses.

Aquest factor sens dubte té un impacte positiu que es pot apreciar en diferents fets. Per un costat perquè empreses que funcionin millor, crearan llocs de treball, podran augmentar les seves vendes i en conseqüència ingressar més impostos.

L'administració pública no pretén substituir cap agent. No es vol situar en el lloc que correspon a les entitats financeres, ni marcar a les empreses la forma en la que han d'actuar. Però sí ha assumit un paper de dinamitzador i específicament pel que interessa a aquesta tesi, en el mercat de crèdit.

Encara que posa un ampli ventall d'instruments a l'abast de les diferents empreses, el seu àmbit d'actuació sobretot es centra en dues tipologies: per un costat els emprenedors i per altra banda les empreses amb un major component tecnològic i d'innovació.

L'especial interès per impulsar aquest tipus d'empreses ve motivat pels beneficis que s'entén que tenen pel conjunt de l'estat. Per un costat perquè el foment de l'esperit emprenedor és un generador d'ocupació i de desenvolupament econòmic. I per altra banda perquè la innovació i la tecnologia són dos àmbits empresarials que aporten molt valor afegit a l'economia de qualsevol estat.

Les principals institucions posades a disposició de les empreses amb aquesta finalitat són les següents:

<u>Institut de crèdit oficial (ICO)</u>

Es tracta d'un banc públic, adscrit al Ministeri d'Economia, que compta amb la garantia de l'estat espanyol. No pot realitzar tota l'operativa pròpia d'un banc sinó que la seva funció està molt més limitada; posar a disposició de les empreses diferents línies de finançament.

Aquestes estan pensades per qualsevol empresa però bàsicament són utilitzades per les que tenen una mida petita o mitjana. Les principals característiques d'aquestes facilitats són les següents:

- Les característiques dels préstecs les determina l'ICO. Malgrat la gestió i aprovació de la concessió la fan les entitats financeres.

- Tenen diferents terminis d'amortització si bé poden arribar als vint anys amb possibilitat de carències.

- Els imports màxims es situen en els deu milions d'euros, el que impossibilita l'accés als fons de les grans companyies.

- Les línies es van aprovant per períodes determinats de temps, amb unes condicions que varien en cada nova emissió.

- Malgrat la tipologia de les línies és molt variada, hi ha dos sectors són destinataris especials: els emprenedors i els exportadors o vinculats a la internacionalització.

Empresa Nacional de Innovación (ENISA)

ENISA és una empresa pública que depèn del Ministeri d'Indústria, Energia i Turisme. Està configurat com un prestamista de risc per a la PIME espanyola, realitzant una tasca que s'assemblaria més al capital risc que les activitats d'una entitat bancària.

Les seves operacions s'articulen mitjançant préstecs participatius. Es tracta d'un producte híbrid entre el préstec i la participació en capital doncs es concedeixen sense garanties addicionals i el tipus d'interès que cobren està vinculat als resultats que obtingui l'empresa per la seva activitat.

Les seves principals característiques són les següents:

- Terminis d'amortització llargs que poden arribar als nou anys (incloent carències).

- Imports fins a un milió i mig d'euros.

- Les empreses han de presentar un projecte viable des del punt de vista tècnic i econòmic (pla de negoci).

- Les empreses han de tenir una solvència financera i econòmica.

- Segons l'import demanat es pot sol·licitar que l'empresa presenti una auditoria dels seus comptes.

- No hi ha sectors d'activitat exclosos llevat de l'immobiliari i el financer.

Centro de Desarrollo Tecnológico Industrial (CDTI)

És una entitat pública empresarial que depèn del Ministeri d'Economia. La seva funció és finançar projectes tecnològics, no empreses, des del seu desenvolupament. També pot actuar com avaluador extern en projectes de Recerca i Desenvolupament.

Les seves característiques principals són:

- No hi ha unes convocatòries establertes sinó que estan obertes tot l'any.

- Es realitza una triple avaluació de la sol·licitud: tecnològica, capacitat de l'empresa i del seu equip i la rendibilitat econòmica de la proposta.

- Normalment es desmanen garanties addicionals si els estats financers de l'empresa no donen suficient recolzament a l'operació

Capítol 5. La satisfacció del client

5.1 Definició

La satisfacció del consumidor és actualment un objectiu que es present en el plantejament estratègic de qualsevol empresa. És un concepte que ha sigut àmpliament estudiat perquè ningú no discuteix la importància de tenir clients complaguts amb el seu servei o producte. De fet, aquest és l'objectiu que ha de tenir la producció de béns i serveis. Si no es soluciona un problema al consumidor, si no se li satisfà una necessitat, no tindrà sentit la fabricació d'un bé o la prestació d'un servei.

És objecte d'interès d'empreses en tots els sectors econòmics. I de fet, és un dels temes que també preocupen a les entitats financeres. El fet de saber si els clients estan contents amb el seu banc i poder mesurar-ho tan acuradament com sigui possible. No només això, sinó que en el cas espanyol és lògic l'interès i la preocupació doncs s'ha constatat com aquest nivell de satisfacció és baix a nivell general (Epsi, 2012).

Tanta importància ha adquirit aquest concepte que alguna entitat financera ha vinculat part de la retribució variable dels seus directius a la satisfacció que obtingui dels seus clients (diari Expansión, 26.02.2014)

Històricament el concepte de satisfacció del consumidor ja havia sigut tractat en estudis de màrqueting de dècades anteriors (Oliver, 1980), destacant-se la seva importància com objectiu corporatiu (Howcroft, 1991). En aquell moment ja s'apuntava el canvi tan important que havien de fer les empreses en aquest sentit. Calia que *"progressivament fossin dirigides pensant en l'exterior de l'empresa, responent a les necessitats del client en quant als productes desenvolupats i la forma de prestar els serveis".*

La satisfacció del client ha sigut definida de moltes maneres. De fet, en un estudi recopilatori, se'n trobaren vint definicions diferents fetes per la literatura (Giese i

Cote, 2002). Malgrat això, la majoria de definicions giren al voltant de la idea que la satisfacció és el judici del consumidor sobre si el producte o servei ha complert les expectatives prèvies que tenia a la compra(Oliver, 1980) (Gupta i Zeithami, 2006).

Per concretar més el concepte podríem entendre que *"...els consumidors tenen estàndards de comparació previs al consum i observant com es desenvolupa el mateix, fan una comparació amb aquests estàndards...el que portarà a formar-los les percepcions de conformitat o disconformitat que produirà l'avaluació de la satisfacció..."* (Fandos, Sánchez, Moliner, i Estrada, 2011).

Si l'empresa és capaç d'entendre aquestes expectatives, mesurar posteriorment si la experiència del consumidor s'ha adequat a elles i saber tractar-les correctament aconseguirà que augmenti la satisfacció del client (Klaus i Maklan, 2013).

En aquest sentit, si el client ja havia consumit anteriorment el producte o servei, la satisfacció o insatisfacció que experimentà amb anterioritat seria la referència que tindrà per valorar el nou consum. Si encara no havia experimentat el servei, llavors la informació prèvia que en tingués li serviria per crear les expectatives sobre les que després faria la mesura (Boulding, Kalra, Staelin, i Zeithaml, 1993)

Al voltant d'aquesta base es desenvoluparen diferents definicions.

Una de les clàssicament esmentades és la d'Oliver (1980). Per ell, la satisfacció és un concepte bidimensional. És una funció sobre l'estàndard inicial que el consumidor té i la discrepància que es doni sobre aquesta referència inicial. És a dir, les expectatives del consumidor creen el marc de referència sobre el que es farà el judici comparatiu. Amb el resultat obtingut el client ja podrà afirmar si es sent o no satisfet.

Una altra definició que s'ha donat fa referència a l'estat emocional del client derivat de la seva interacció amb el proveïdor al llarg del temps (Liu i Wu, 2007). Per tant, és un procés evolutiu, que es va formant amb el pas del temps i de diferents interaccions que es vagin produint entre el client i el proveïdor financer.

O també ha sigut definida com el resultat de la percepció d'un client sobre el valor rebut en una transacció, comparant-ho amb el preu i els costos d'adquisició del mateix (Luiza et al., 2009). És a dir, el client rep un benefici però també li costa un sacrifici la compra (no només el preu que en paga sinó l'esforç que hi posa per la seva part). En qualsevol cas, és important tenir-ho en compte a nivell estratègic doncs se'n poden derivar conseqüències positives pel proveïdor.

Ara bé, s'ha de diferenciar entre el comprador esporàdic i que només ha realitzat un acte de compra i el que és consumidor habitual. En aquest cas, la satisfacció del consumidor vindrà donada per *"l'acumulació d'experiències de compres del client o de les experiències de consum anteriors"* (Andreassen i Lindestad, 1998).

En la mesura de la satisfacció s'han distingit diferents nivells.

En la prestació d'un servei hi ha tres nivells de satisfacció en relació a les expectatives d'un client. Per un costat hi ha el *servei desitjat*, que és el que espera el client rebre perquè considera que és el que mereix. En segon lloc hi ha el *nivell adequat* que és el nivell que el client acceptarà com a mínim. I entre aquests dos hi ha una zona de tolerància en la qual el client estarà satisfet en termes generals perquè s'estan complint les seves expectatives (Zeithaml, Berry i Parasuraman, 1996).

Si bé es cert que a mesura que aquesta relació vagi avançant, l'entitat financera podria anar perfilant aquestes expectatives i preferències del client, aconseguint que aquest augmenti la zona de tolerància, el que portarà a satisfer al consumidor més fàcilment (Tam, 2007)

S'han analitzat els diferents nivells des d'una altra perspectiva. La satisfacció del consumidor vindria donada per la seva experiència amb el proveïdor, que es composaria de tres dimensions: l'experiència amb la marca, amb les transaccions concretes realitzades i la relació en el temps amb l'entitat financera (O'Loughlin et al., 2004)

També s'ha distingit segons el tipus d'expectatives que pot tenir el client. N'hi ha d' actives, que són les comparables i quantificables, com podria ser el tipus d'interès al que ens fan un préstec. Les passives són les que el client no té quantificades però ha interioritzat que existeixen i en les que hi confia (per exemple, que li resolguin un dubte quan ho demani). Bé és cert que en els serveis financers tenen més pes els atributs de les experiències que la comparació dels productes com a tals (Tam, 2007).

5.2 Rellevància del concepte en la literatura acadèmica.

La importància d'aquest concepte en la literatura acadèmica ha sigut àmpliament tractada. Hi ha qui diu que és un dels principals conductors (*driver*) del comportament del consumidor (Andreassen i Lindestad, 1998)

De fet, és un dels constructes més estudiats en relació als consumidors doncs és molt genèric i aplicable a totes les indústries i sectors (Gupta i Zeithami, 2006). Es tracta d'una variable no observable doncs no té una única expressió exterior; no només és que es manifesti de diferents formes sinó que tampoc estan clars els límits dels concepte.

És bàsica la seva comprensió per poder-la relacionar amb la rendibilitat que poden aportar els clients als seus proveïdors i justificar així la inversió que s'ha de fer en màrqueting per poder captar-los.

En el cas de les entitats financeres, com el producte no és tangible, el servei que l'acompanya guanya molta importància per determinar la satisfacció general amb la institució (Luiza et al., 2009). Les entitats financeres han de relacionar-se amb els seus clients de forma que siguin capaces d'identificar les necessitats dels clients i desenvolupin productes i serveis que s'adeqüin a aquestes necessitats. Aquest objectiu és necessari aconseguir-lo perquè el banc pugui mantenir-se competitiu i sobreviure en el mercat a llarg termini.

Es trobà també que la satisfacció del client era un antecedent de la confiança en l'entitat financera (Theron, Terblanche, i Boshoff, 2011). Donada la intangibilitat dels productes i la seva difícil diferenciació, aquesta confiança és un bé preuat pels competidors en el sector financer. De fet, d'alguna manera els clients corporatius el que estan esperant és un *vestit a mida*, per cobrir les seves necessitats (Cheverton, Hughes, Foss i Stone, 2013).

Si bé per altres autors, és molt difícil que el consumidor pugui distingir entre els atributs dels productes bancaris quan totes les companyies estan fent ofertes similars (Bennett i Bove, 2002). Ara bé, serà el client que té més coneixements i experiència en el tracte amb serveis financers el que podrà apreciar millor el valor dels serveis que rep (Tam, 2007).

No només en el camp acadèmic sinó que la importància de la satisfacció es pot comprovar en el fet que s'hagin establert institucions dedicades a l'estudi de la satisfacció dels consumidors en el seu consum de béns i serveis. Fou pioner el 1989 a Suècia el *Swedish Customer Satisfaction Barometer.* En aquest cas fou l'estat suec que s'implicà directament en la tasca de saber fins a quin punt els consumidors de les empreses del seu país estaven satisfets, tot plegat per tractar de millorar la competitivitat del seu teixit empresarial (Forneil, 1992). Era un índex destinat a complementar els que ja existien en referència a les mesures de productivitat. Amb l'establiment de tots dos, es podia tenir una mesura completa de la percepció dels clients en referència a la seva compra.

Plantejava el següent model,

Figura 25. Esquema de l'índex de satisfacció suec.
Font: (Johnson, Gustafsson, Andreassen, Lervik, i Cha, 2001)

El seguí el 1994 als EEUU l'*American Customer Satisfaction Index.* És l'única mesura de satisfacció del client que hi ha als Estats Units que tingui en consideració les diferents indústries. Es basa en les avaluacions dels consumidors de productes i serveis que s'hagin realitzat al territori dels Estats Units, ja siguin d'empreses nacionals o estrangeres, però que tinguin una important participació de mercat. Posat en marxa per l'agrupació de diferents universitats i associacions, es basa en l'índex suec, amb el qual comparteix el model i la metodologia. Abasta deu sectors econòmics diferents, estudiant un total de 43 indústries.

Planteja el següent model,

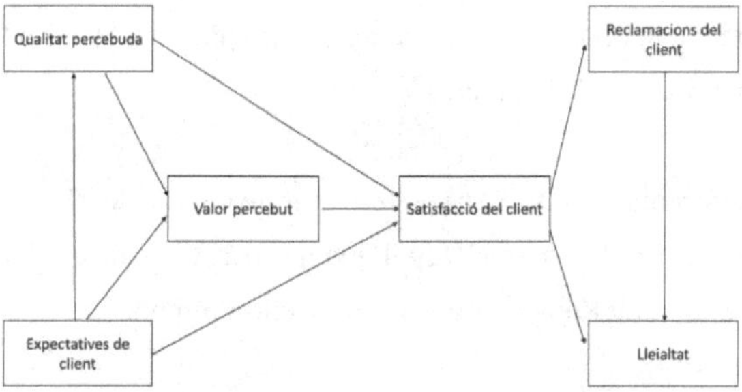

Figura 26. Esquema de l'índex de satisfacció americà.
Font: (Forneil, 1992)

Actualment n'existeixen molts d'altres. A Europa el més conegut és el European Customer Satisfaction Index (ECSI-EPSI). Que presenta el següent esquema.

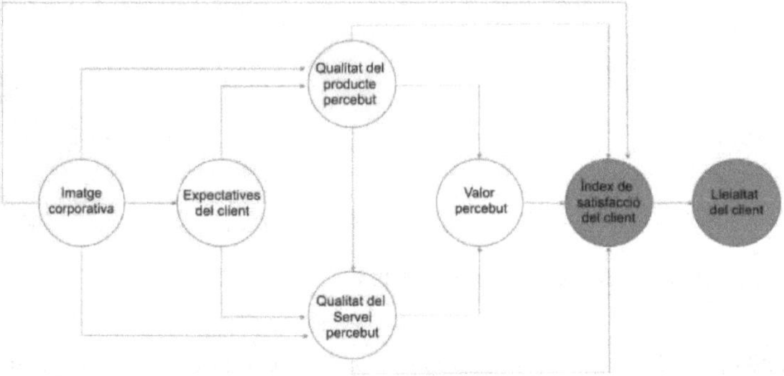

Figura 27. Esquema de l'índex de satisfacció europeu.
Font: pàgina web van-haaften.nl

L'índex europeu representa una variació del model americà. Coincideix en utilitzar les variables de les expectatives del client, el valor percebut, la satisfacció del client i la seva lleialtat. Però alhora presenta algunes diferències en la configuració dels conceptes i dos aspectes puntuals que sí serien més rellevants. Per un costat, el model europeu no té present en la mesura de la satisfacció del client el fet que aquest hagi pogut presentar una queixa sobre el servei. I en segon lloc, en el cas europeu es considera que la imatge corporativa té efectes directes sobre les expectatives del client, la satisfacció i la lleialtat.

N'existeixen d'altres en diferents estats. Seria el cas per exemple de Noruega (Norwegian Customer Satisfaction Barometer). Igual que ha succeït en altres zones del món, com Hong Kong (The Hong Kong Customer Satisfaction Index).

De forma resumida, les principals característiques de cadascun d'aquests índexs seria.

EMPRESA	SECTOR	FACTURACIÓ	CONTACTE
MAPRO	Engenyeria de muntage	24,4	Responsable Financer
ATA	Complements moda	9	Responsable Financer
LUNET	Serveis neteja	9,4	Responsable Financer
HOLALUZ	Comercialitzadora llum	14,4	Responsable Financer
DESA	Distribució ferretería	31,7	Responsable Financer
FIFTY-FIFTY	Venda léngrós textil	21,4	Responsable Financer

Taula 9. Comparativa entre els diferents índexs de satisfacció.
Font: (Ospina i Gil ,2011)

5.3 Conseqüències de la satisfacció

Si com es comentava anteriorment, la importància del concepte no és qüestionable en la literatura de màrqueting, els estudis relacionats amb les conseqüències que es deriven de la satisfacció dels clients han arribat a diferents conclusions.

Per una part, Lewis i Soureli (2006) el van identificar com un dels principals generadors de lleialtat en els clients de banca comercial. Consideraven que els directius del sector ho havien de tenir en compte en el moment d'establir les seves estratègies, tractant d'identificar els clients insatisfets i solucionant els seus problemes de forma ràpida.

Però per altra part, malgrat la satisfacció del client és un objectiu de tota organització, el seu impacte en el comportament a l'hora de comprar ha sigut qüestionat per la literatura. La relació entre aquesta satisfacció i les vendes no es pot considerar que sigui lineal sinó que cal trobar més vies de vinculació entre el client i l'empresa (Eisingerich, Auh, i Merlo, 2013). En aquest sentit es considerava oportú que l'empresa tractés d'obtenir suggeriments per part dels seus clients, aconseguint que aquests s'impliquessin més en la seva relació amb el proveïdor.

Tampoc s'observà una clara relació amb la repetició de compra per part dels clients satisfets (Mittal i Kamakura, 2001). En una investigació feta sobre més de cent mil compradors de vehicles, s'arribà a la conclusió que cada consumidor té unes característiques particulars que els porten a tenir en diferent lloc el seu llindar de satisfacció. I només repetiran la compra si per ells aquell nivell de satisfacció és l'adient.

Però sí es trobà que tenia influència en la retenció del client (Liu i Wu, 2007). Si bé aquest és un prerequisit de la compra creuada, per aconseguir aquesta serà necessari que es donin altres circumstàncies. La confiança en l'entitat financera serà un dels elements clau. Però també n'hi haurà d'altres que ajudaran. El banc haurà de tenir els punts de venta (o canals) de fàcil accés pels clients, personalitzar en la mesura que pugui els productes segons la necessitat del consumidor i tenir un personal que estigui correctament format i especialitzat per atendre les consultes que els hi realitzin.

De fet, Reicheld va desenvolupar el concepte de la *trampa de la satisfacció*. Segons un estudi fet per la consultora Bain&Co que ell dirigia, entre el 60 i el 80 % dels clients que havien deixat de treballar amb una empresa s'havien mostrat satisfets amb ella en les enquestes prèvies que se'ls hi havien fet (Reichheld, Markey i Hopton, 2000). Per tant, la mesura de la satisfacció per si mateixa no indicava massa a una empresa sobre el proper comportament de compra de un client.

Capítol 6. La imatge de l'entitat financera

Com hem exposat anteriorment, en relació als serveis financers, els usuaris no tenen fàcil avaluar les diferents alternatives existents i en aquest sentit, cobra molta importància tenir una imatge corporativa poderosa (Bravo, Montaner, i Pina, 2012). En la literatura acadèmica hi ha un consens generalitzat d'aquesta importància i de fet des de fa dècades ha sigut objecte d'interès (Boulding, 1956) (Kotler, 2003)

Hem d'entendre que la imatge no és un concepte estàtic sinó que va canviant a mesura que passa el temps i succeeixen diferents esdeveniments al voltant de l'empresa.

En el nostre cas parlem de la imatge de l'empresa però hem de tenir en compte que el concepte d'imatge és aplicable a qualsevol entitat o persona (des de un producte físic a un candidat polític), i no descriu unes qualitats particulars sinó que fa referència a la impressió total que una entitat fa en la ment dels altres (Dichter, 1985).

6.1 Definició

Per tenir una definició aclaridora podríem dir que la imatge corporativa és aquella percepció que els altres tenen d'una empresa. Es pot definir com la suma total d'impressions i expectatives que han adquirit tants els que són clients com els que no ho són al llarg d'un període de temps (Howcroft, 1991).

O també la podem entendre com la percepció total que és té degut a la suma dels missatges rebuts de les diferents fonts: boca-orella, experiències passades i comunicacions de la pròpia empresa (Yavas et al., 2014).

Per Armstrong i Kotler (2013), la imatge *"d'empresa o marca ha de transmetre els beneficis distintius d'un producte i el seu posicionament"*. Una tasca que exigirà constància i esforç per part de l'empresa, que no la podrà desenvolupar en un període breu de temps. Es tractarà d'una inversió a llarg termini perquè les imatges ni es creen ni es poden canviar de forma ràpida.

Cal diferenciar-ho del que es coneix com la marca corporativa, que serà la imatge que projecta l'empresa de la seva identitat (Bravo et al., 2012). Aquella que es vulgui projectar des de l'empresa no tindrà perquè coincidir amb la que realment tingui el públic. I de fet, no sempre coincideix la política corporativa amb la imatge que realment es vol projectar (Shee i Abratt, 1989).

Al voltant del concepte d'imatge han aparegut un seguit de termes que difícilment han sigut delimitats: identitat corporativa, identitat de marca, organitzativa, visual o identitat de negoci (Currás Pérez, 2010). Imatge i identitat corporativa estan interrelacionades; segons les impressions que tingui el públic es construirà la imatge, que vindrà en funció del que l'empresa comuniqui (la seva identitat) (Currás Pérez, 2010).

La imatge de marca és definida com la percepció sobre una marca reflectida en l'associació que es fa amb la marca a la ment del consumidor (Keller, 1993). Es podria esquematitzar el concepte en la següent figura.

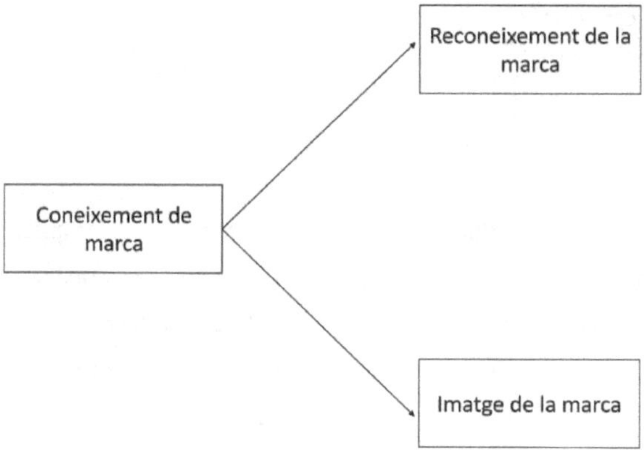

Figura 28. Esquema del coneixement de marca.
Font: (Keller, 1993)

La importància de la marca per a la creació d'imatge ha sigut destacada per la literatura (Foroudi, Melewar i Gupta, 2014). I el món actual, on tenen tanta importància els impactes visuals, es considera que un generador important de la mateixa és la imatge empresarial, el distintiu de la mateixa.

Per Santesmases (2011) mentre la imatge *"és una representació mental dels atributs i beneficis percebuts pel producte o marca...un fenomen multidimensional que depèn que com es perceben aquests atributs i beneficis"*, la identitat de marca és la *"dimensió que ha de distingir-la al llarg del temps, desenvolupar les promeses al clients i definir...el que aspira a obtenir"*. Hi ha una diferenciació de caire temporal; la imatge és la representació actual que es té mentre que la identitat ha de ser l'aspiració de l'empresa.

També s'ha entès que la imatge corporativa podria ser considerada com una imatge de la marca però que es refereix més a l'organització en el seu conjunt que individualment als seus productes (Bravo, Montaner i Pina, 2009)

Curràs (2010) ens fa dues consideracions al voltant del concepte d'imatge corporativa: l'empresa tindrà tantes imatges com persones interactuïn amb ella. I en segon lloc, la imatge vindrà a ser la suma d'un conjunt d'imatges específiques que es tinguin sobre l'empresa.

6.2 Rellevància

El període de crisi econòmica i financera (2008-2014) tingué un impacte molt important en la imatge de les entitats financeres, que en sortiren força perjudicades, essent considerades en part culpables de tot el succeït. Tot plegat augmentà la importància de la imatge pels participants del sistema financer, que ja havia sigut anteriorment una de les seves preocupacions.

La literatura acadèmica en referència a l'impacte que la imatge corporativa té en la lleialtat del client no té tanta tradició com altres conceptes, com pot ser la satisfacció del client (Andreassen i Lindestad, 1998). Si bé ha sigut mesurat de diferents maneres, tant el seu concepte com els seus efectes (Koubaa, Tabbane, i Jallouli, 2014).

La imatge és un dels aspectes que més treballen les entitats en els seus programes de màrqueting. Un dels principals objectius de les empreses és construir una imatge poderosa, aconseguir una associació corporativa positiva entre la imatge i la empresa. Encara que és difícil saber fins a quin punt té això impacte sobre els seus clients (Bravo et al., 2009), sí s'ha trobat que de forma significativa directa i indirectament influeix en la intenció dels clients d'usar els serveis financers (Bravo et al., 2012). Però les entitats financeres no han tingut gaire èxit en projectar una identitat corporativa o una imatge de marca genuïna (O'Loughlin i Szmigin, 2005).

Bé, és cert, que en molts dels missatges que emanen de les empreses en aquest sentit, van més adreçades a la part emocional del consumidor que a destacar els aspectes funcionals més rellevants de l'empresa (O'Loughlin i Szmigin, 2005). Encara que el component emocional pot tenir alguna influència en la lleialtat que puguin tenir els clients pel seu proveïdor (Fandos et al., 2011), per les empreses seria més interessant i profitós centrar-se en aquells aspectes que poden cobrir necessitats reals dels clients, els aspectes funcionals del servei, doncs aquests ho apreciarien més.

S'entén que per una entitat financera tenir cura de la seva imatge corporativa no es una opció sinó que més aviat ha de ser vist com una part del seu negoci i de la seva estratègia de màrqueting (Worcester, 1997). És molt important per una companyia millorar contínuament la seva imatge (Lin i Lu, 2010)

En un sector tan competitiu com el de les entitats financeres, la imatge corporativa és un actiu que permet a les empreses diferenciar-se i incrementar les seves possibilitats d'èxit (Bravo et al., 2009)

Alguns autors han destacat la seva importància, identificant-lo com un antecedent de la lleialtat (Lewis i Soureli, 2006). Així, consideren que la projecció d'una imatge positiva del banc és crítica i les campanyes publicitàries haurien de focalitza en crear un vincle de compromís amb el client i augmentant l'esforç en el màrqueting relacional.

Altres àdhuc consideren que la imatge hauria de ser on més esforç es posés degut a la importància que té per la lleialtat (Askariazad i Babakhani, 2015). D'altres, sense anar tant lluny, també afirmen que té un impacte positiu en la lleialtat del client (Hansen, Samuelsen, i Sallis, 2013) (Eakuru, Kamariah i Mat, 2008) .

Si bé també n'hi ha que no l'han identificat com un factor que tingui influència en les mitjanes empreses per escollir els seus principals bancs (Lam, Regan i Burton, 2003).

Capítol 7. Les conseqüències de la lleialtat.

Si aconseguir la lleialtat d'un client ja hem vist que és estratègicament important per les empreses, ho és sobretot pels beneficis que en pot obtenir.

La literatura ha tractat àmpliament aquest tema i n'ha fet diferents classificacions.

Per un costat s'ha apuntat que hi ha conseqüències que són directament observables, perquè porten acompanyada una acció (comprar novament el producte) mentre que d'altres no ho són, com les relatives a l'actitud (Gupta i Zeithami, 2006). S'entén que portaran associada una acció mesurable però no de forma directa. I no sempre serà així doncs caldrà que es donin les circumstàncies perquè es pugui produir l'acte de compra.

En altres estudis s'ha distingit entre la lleialtat passiva i l'activa. La primera inclouria la menor sensibilitat al preu o voluntat de mantenir-se com a client mentre que exemples de la última podrien ser parlar positivament del teu proveïdor a altres consumidors o usar més els serveis d'aquell banc (Ganesh et al., 2000).

En la present investigació es consideren les conseqüències de la sensibilitat al preu i la propensió a recomanar al teu proveïdor a d'altres consumidors. El fet d'escollir aquestes dues es deu a la voluntat de tenir presents els dos àmbits principals de la lleialtat.

Per un costat l'aspecte de comportament del consumidor, allò que li suposa una actitud favorable degut a la seva lleialtat, com és el fet de recomanar positivament el proveïdor al que ell és lleial. Si bé hi ha diferents nivells de recomanació, realitzar aquesta acció suposa un interès real, no retribuït, per part d'aquell que recomana l'empresa o servei. Per tant, mostra un elevat nivell de satisfacció i voluntat de compartir-ho amb altres potencials usuaris.

I per altra banda tenim present també l'aspecte de comportament, que suposa estar disposat a pagar més per un servei al proveïdor al que s'és lleial abans que canviar a alternatives d'altres empreses que puguin ser més econòmiques. Això s'inclou en el concepte de sensibilitat al preu.

7.1 Altres conseqüències estudiades.

Malgrat haver escollit les dues conseqüències de la lleialtat anteriorment citades, en la literatura en trobem d'altres que han sigut també analitzades.

Com exemples podem citar; la propensió a la recompra (Luiza et al., 2009) o també un menor comportament referent a les possibles queixes (Bloemer, Ruyter, i Wetzels, 1999)

Entre totes, i per la seva especial importància en el present estudi en destaquem una.

Quota de mercat obtinguda per l'empresa: La quota de mercat és el percentatge de la despesa d'un client en un producte que va directament destinada a una entitat en concret (Griffin, 2002)

La quota de mercat s'ha entès com una mesura per indicar el grau de lleialtat i el valor potencial d'un client. Malgrat la seva importància, no és un fenomen massa estudiat per la literatura (Cheng i Aiwu, 2010).

També s'ha definit com a percentatge del volum total de negoci que una empresa client ha portat a una entitat en el període de dotze mesos (Keiningham, Perkins-Munn, i Evans, 2003)

El seu estudi té sentit en relació a la multiplicitat de bancs que tenen les empreses. Al no ser cap d'elles proveïdor financer únic, han de competir pel negoci més rendible del client, tractant d'augmentar la seva quota de mercat. No és un repte fàcil doncs aquest tipus de client està convençut de les virtuts de tenir diferents entitats financeres (Lam i Burton, 2006), i per tant, estan còmodes mantenint aquesta forma de treballar.

En el cas de la present investigació es descartà el seu ús per la falta de concreció del concepte així com la dificultat en la seva mesura. Com hem comentat anteriorment, no és senzill calcular el volum de negoci que genera un client per una entitat i tampoc és fàcil esbrinar en quina mesura el destina a cada entitat amb la que treballa.

7.2 Recomanació positiva d'un proveïdor

La importància en la recomanació d'un servei o producte ha estat present en els estudis de màrqueting des de fa dècades (Katz i Lazarsfeld, 1955). Molts consumidors confien en les opinions d'altres en el seu procés de compra i per tant aquesta recomanació té influència en la decisió final (Lin i Lu, 2010). Això és especialment cert quan en el mercat pots trobar un nombre molt elevat de consumidors, cadascun amb la seva opinió i amb un elevat grau de confusió.

7.2.1 Definició

Si bé en aquesta tesi s'estudia la recomanació positiva d'un proveïdor, cal recordar que també existeix la vessant negativa, és a dir, la difusió de missatges negatius al voltant d'una empresa, amb aspectes i conseqüències que no són objecte d'aquest treball.

Podem entendre la recomanació d'un proveïdor com la comunicació informal entre dues parts referent a l'avaluació d'algun bé o servei. Aquesta recomanació pot tenir un caire positiu, neutral o negatiu. En el primer cas trobaríem com exemple la pròpia recomanació d'ús o la narració d'una experiència de compra positiva. Mentre que en el cas negatiu aniria des de la recomanació de no contractar el servei o comprar el bé fins el fet de narrar una experiència desagradable succeïda (Anderson, 1998).

També, s'ha definit la recomanació positiva com les referències favorables que un client dóna sobre el venedor a un altre potencial client, indicant així l'actitud positiva del primer cap al proveïdor (Palmatier et al., 2006).

En quant a les comunicacions negatives, és més probable que tinguin major impacte que les informacions positives (Lutz, 1975) i també és cert que normalment són expressades amb major contundència que aquelles (Anderson, 1998) si bé la literatura segurament s'ha excedit a l'afirmar la importància i les conseqüències que s'esdevenen de les recomanacions negatives.

Un altre aspecte important és que es tracti de la comunicació interpersonal i informal entre consumidors sobre els productes i serveis (Yang, Wang, i Lai, 2012). No es poden incloure aquí les comunicacions formals entre empresa i consumidor com serien els missatges publicitaris.

7.2.2 Rellevància

És una variable que s'ha trobat especialment rellevant pel sector de serveis, on l'experiència és un factor clau i per tant es fa difícil avaluar un producte abans del seu consum. I dins dels serveis, en els financers es considera que aquesta recomanació pot tenir encara més efectivitat (Eid, 2013)

Com els consumidors no poden avaluar fàcilment els serveis bancaris rebuts, la recomanació positiva per part d'un d'ells, derivat de la satisfacció obtinguda del mateix, es pot considerar una avantatge competitiu (Lymperopoulos i Chaniotakis, 2008). De fet, aquesta situació (tenir persones que exerceixin com a recomanadors) pot tenir avantatges tant per retenir els clients que ja es tenen com per captar-ne de nous.

A nivell institucional també ha adquirit rellevància. L'any 2004 es va posar en marxa una organització específicament destinada a la investigació i educació en aquest concepte, el WOMMA (Word of Mouth Marketing Association).

L'interès de la indústria i tot el món empresarial en la determinació d'aquesta variable és evident. El creixent interès es plasmà en una important activitat inversora, que s'estimà que seria de tres mil milions de dòlars l'any 2013 (Groeger, 2012)

Encara que la principal associació relacionada amb el WOM, la Word-Of-Mouth Marketing Association, ha establert diferents mètodes per estimar el nombre de conversions que es produeixen entre les recomanacions positives i el nombre de vendes, aquests s'han demostrat molt febles per demostrar una relació vertadera entre totes dues circumstàncies.

Bàsicament el problema és que s'assumeix que el receptor només escolta opinions d'una persona en el moment de prendre la seva decisió de compra, quan la realitat és més complexa (Groeger, 2012). Per tant, no es considera que hi hagi una eina establerta i fiable que pugui mesurar la conversió entre les recomanacions que se li han fet i les posteriors vendes que ha aconseguit una empresa.

En el cas del *Business to Business*, entre altres motius les empreses consideraven que no pagava la pena recomanar un proveïdor financer a un tercer perquè entenien que hi havia poca distinció entre les seves ofertes i perquè no coneixien les necessitats de l'empresa a la que li estaven fent la recomanació (Lam i Burton, 2006). És a dir, aquell que estigués satisfet i animat a fer una recomanació no la feia perquè considerava que aquesta no tindria cap impacte en el receptor.

Com es comentava anteriorment en aquest estudi, un dels trets principals dels serveis és precisament que no es presten de la mateixa forma a cada client, i d'alguna manera són sempre diferents. Per tant, malgrat hom pugui tenir aquesta intenció de recomanació, pot considerar que el que li ha anat bé a ell no té perquè ser el més adient per un altre.

Malgrat tot això, en la literatura acadèmica ha sigut un concepte estudiat que ha estat molt present. En un estudi recopilatori que es realitzà es trobaren 327 investigacions rellevants fetes sobre en el període comprés entre 1999-2011 i publicades en 155 revistes diferents (Yang et al., 2012). En aquest cas només es tenien en compte els estudis que es basaven en la recomanació electrònica, és a dir la que utilitza les noves tecnologies com a canal de comunicació.

Com podem apreciar en el següent gràfic, aquest interès ha anat creixent en els últims anys.

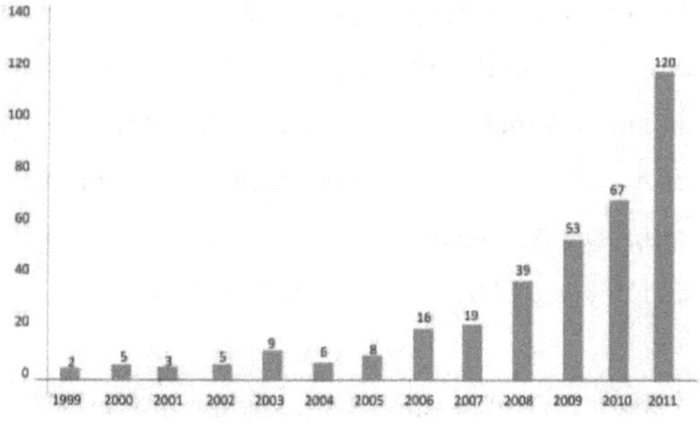

Figura 29. Evolució dels estudis que tenen en compte la recomanació de clients en el període 1999 - 2011.
Font: (Yang et al., 2012)

De fet, seguint a Yang et al. (2012) cal distingir entre la situació que es donava abans con totes les comunicacions s'havien de fer de forma interpersonal i oral, i la posterior a la popularització d'internet. A partir de llavors, no cal que hi hagi un contacte personal entre els usuaris ni que aquests tinguin cap relació. Les opinions es poden difondre en espais creats per a tal fi, com els fòrums, o mitjançant blocs o les xarxes socials.

En els últims anys es freqüent que les empreses de serveis hagin confiat en programes de referència per part dels seus clients per estimular el WOM i aconseguir nous clients. Són programes destinats a encoratjar els seus clients a recomanar aquesta empresa de serveis a la xarxa més propera de relació del client (Wentzel, Tomczak, i Henkel, 2014). I dintre d'aquests, un col·lectiu específicament important per fer recomanacions són els propis empleats de l'empresa encara que només ho faran si estan completament identificats amb el seu lloc de treball.

En el cas de serveis professionals, el boca orella és més buscat pel receptor, és a dir, per aquell que ha de prendre una decisió. Això té sentit en la mesura que els serveis són difícilment avaluables abans de la seva utilització i per tant les experiències positives d'altres poden ser una bona referència. Com pot ser el cas dels professionals financers (Bansal i Voyer, 2000).

A més a més, aquesta opinió serà més valorada pel receptor segons el grau d'experiència que tingui l'emissor. El primer tindrà major tendència a sol·licitar-li aquesta informació i també en confiarà més en funció dels seus coneixements. Hi haurà una relació positiva entre el nivell de coneixements de l'emissor i la confiança que li mostri el receptor. Quant més en tingui el primer, més valorada és la seva opinió pel segon (Bansal i Voyer, 2000).

Ara bé, per aconseguir la eficàcia en el missatge és important que existeixi un vincle entre emissor i receptor i a més a més aquest sigui estret (Bansal i Voyer, 2000). Si no és així, el missatge perd molta força en el procés de decisió de la persona que el rep.

Les interaccions que hi poden haver en petits grups, de vincles estrets i on hi ha una confiança compartida, relacionades amb la recomanació positiva d'un proveïdor, tenen major efecte sobre la decisió que hagi de prendre el consumidor. Especialment això serà més cert quanta major incertesa hi hagi en el mercat del que es tracti. Aquesta és una situació que es va donar en el sistema financer espanyol especialment en el període 2008 – 2015 (De Obesso i Jiménez, 2012).

7.2.3 Tipologia

Cal tenir present les diferents circumstàncies que es poden donar en la formulació del missatge entre l'emissor i el receptor.

Ja en l'any 1966 es distingia segons com fos l'emissor. Així, s'entenia que el boca-orella era més efectiu quan el receptor percebia que l'emissor no tenia cap interès material en el consell que donava (Dichter, 1966). D'aquesta manera, qui rebia la recomanació entenia que aquesta era més sincera.

En aquest mateix treball s'apuntaven dues mesures que utilitzava el receptor del missatge per valorar la validesa del consell. En primer lloc que l'emissor estigués interessat en el benestar del receptor. I en segon lloc, que tingués experiència i coneixements sobre allò que estava recomanant.

Per una altra part, la influència del boca orella guarda relació amb el valor econòmic del que s'està recomanant. És a dir, serà més efectiu en funció del menor risc econòmic que assumeixi el receptor si en fa cas (Dichter, 1966).

7.3 Sensibilitat al preu

7.3.1 Definició

El preu, per la teoria econòmica, és allà on es troben l'oferta i la demanda. Però pel màrqueting és un concepte més dintre de l'oferta. Així, segons la coneguda teoria de les *4 P's* seria un element més que facilitaria la venda. A més a més del preu, per a la presa de la decisió de compra es tindria present també el producte, el lloc o canal de distribució (*place* en anglès) i la promoció (McCarthy, Cannon i Perreault, 2014).

Però bé, és cert que el preu per si sol no pot explicar completament la decisió de compra d'un consumidor doncs si fos així només es vendrien els productes més barats de cada categoria. Especialment en els casos de serveis, en que són difícilment comparables i avaluables abans de la compra, el preu té un valor més relatiu.

Al no poder comparar exactament dos serveis, el pagament que es realitza per cadascun d'ells es fa per les característiques diferents que es tenen en compte. Pot ser per la forma d'entrega, per la rapidesa amb que s'ha prestat el mateix o per la professionalitat del personal que l'ha atès. En qualsevol cas, no és senzill pel consumidor poder realitzar la comparació (Cheverton, Hughes, Foss i Stone, 2013).

Però sens dubte, el preu és un factor que sempre es té en ment en el moment d'adquirir un producte o servei. I per part del venedor, el fet de poder augmentar-lo i seguir mantenint les vendes li suposarà un major benefici en el seu compte de resultats.

Una de les primeres mesures de sensibilitat al preu que es plantejà fa molts anys fou la *mètrica del dòlar* segons la qual la lleialtat era mesurada per quants dòlars de més estava disposat a pagar algú per mantenir-se fidel a la marca. És a dir, per seguir comprant-la malgrat s'anés incrementant de preu (Pessemier, 1957)

Posteriorment, la sensibilitat al preu es definí de forma més acurada com la màxima pujada en el preu que hom estaria disposat a assumir abans de canviar de proveïdor (Anderson, 1996)

7.3.2 Conseqüències

La menor sensibilitat al preu ha sigut estudiada com una de les conseqüències de la lleialtat actitudinal. Es trobà que si existeix lleialtat amb el proveïdor, no calen tants incentius per aconseguir la repetició de compra del client i llavors és més fàcil fer els clients més rendibles (Fitzgibbon i White, 2005)

En un sector com el financer, on el client rep diferents beneficis intangibles al mantenir una relació amb la seva entitat, serà menys sensible al preu que si no existís aquesta relació (Turnbull i Gibbs, 1987b). Tindrà en compte altres guanys que li proporciona aquesta relació.

En aquesta mateixa línia, un altre estudi defensava que el client que portava anys de relació amb la seva entitat financera estava disposat a pagar un preu més alt pel servei perquè valorava el manteniment d'aquesta relació (Zeithaml, Berry i Parasuraman, 1996).

També, es trobà que hi havia una relació positiva entre el temps que ha estat el client amb la seva entitat i la seva disposició a pagar més pels serveis (Dawes, 2009). No es tractava que pagués més pels mateixos serveis sinó que no seria tan propens a canviar malgrat li augmentessin el preu que estava pagant.

Es trobà que al banc amb major negoci amb el client li era més fàcil aconseguir economies d'escala per servir-lo, doncs al client no l'importava pagar un preu una mica més elevat. Tenia la capacitat de percebre els beneficis intangibles que li proporciona aquesta relació (Moriarty, Kimball i Gay, 1983).

En el sentit contrari, també s'afirmà que el fet de ser lleial, per exemple mostrant-ho en una repetició contínua de compra, difícilment comportava major rendibilitat o l'acceptació de major preu per part del client (Kumar i Reinartz, 2002). Hi podia haver altres circumstàncies que determinaven aquest comportament.

Capítol 8. Disseny de la investigació i metodologia

8.1 Introducció

La investigació proposada s'estructura en tres blocs diferenciats.

Per una banda, s'intenta esbrinar la relació de l'acomodació creditícia, la imatge i la satisfacció, com a variables independents del consumidor en relació a la variable dependent lleialtat . Amb la finalitat de respondre als objectius d'aquesta part de la investigació s'emprarà el Model Lineal de Regressió Múltiple.

Per altra part, s'intenta determinar la relació de la lleialtat (com a variable independent) amb dues conseqüències de la mateixa: si aquesta genera menor sensibilitat al preu per part del client i si aquest recomanarà positivament els seu proveïdor financer (variables dependents).

I finalment en el tercer bloc es fa un estudi sobre tot el procés de concessió creditícia des del punt de vista de les empreses. Quina percepció tenen aquestes sobre el procediment necessari per obtenir un crèdit, si aquest és àgil i flexible i quines són les seves principals característiques.

8.2 Elaboració del qüestionari

8.2.1 Creació del qüestionari

En l'annex 1 es pot veure el detall del qüestionari utilitzat.

Es tracta d'una investigació en ciències socials i per tant no hi ha mesures objectives per determinar les variables sinó que cal fer aproximacions, utilitzant ítems que ja s'han fet servir en altres investigacions. Si bé els conceptes usats han sigut abastament estudiats, el seu concepte no pot ser clarament delimitat degut a la seva naturalesa, que inclou múltiples aspectes.

Tenint en compte que les empreses treballen amb diferents entitats financeres, les qüestions se'ls hi demanaven en referència a la que consideressin que era la més important per a la seva empresa. Per qüestions de procediment, calia concretar les respostes pensant sempre només en un banc doncs d'altra manera els resultats no serien comparables.

8.2.2 Pre-test

Prèviament a l'elaboració del qüestionari definitiu i el seu llançament als potencials enquestats es realitzà un pre-test, al qual se li afegí un document explicatiu del mateix.

Les persones que revisaren el qüestionari i les empreses corresponents es presenten en el quadre següent,

EMPRESA	SECTOR	FACTURACIÓ	CONTACTE
MAPRO	Engenyeria de muntage	24,4	Responsable Financer
ATA	Complements moda	9	Responsable Financer
LUNET	Serveis neteja	9,4	Responsable Financer
HOLALUZ	Comercialitzadora llum	14,4	Responsable Financer
DESA	Distribució ferreteria	31,7	Responsable Financer
FIFTY-FIFTY	Venda léngrós textil	21,4	Responsable Financer

Taula 10. Empreses col·laboradores en el pre-test.

En el document explicatiu s'introduïen els conceptes que es volien estudiar, els objectius de la investigació, el model teòric plantejat així com les hipòtesi inicials de treball. Els col·laboradors eren persones amb importants trajectòries en la direcció financera i per tant coneixedors dels conceptes sobre el que se'ls hi estava demanant.

En segon lloc es facilitava el model de qüestionari plantejat on es demanava que es contestés parant atenció a si s'entenien correctament els conceptes inclosos, si es considerava interessant la investigació, i es demanava que es fessin les aportacions que ells creguessin adequades.

Fruit d'aquestes converses i del plantejament metodològic es van extreure de l'estudi dues conseqüències de la lleialtat que inicialment es volien incloure: la quota de negoci d'una empresa amb la seva entitat financera i la tolerància als errors que hi pogués tenir. En aquests dos casos hi havia la percepció de que eren molt difícils de valorar per les empreses, presentant límits difusos en el hi havíem d'entendre i que no tenien una rellevància especial en el context de la investigació. Alhora, a nivell metodològic, el fet de treballar amb quatre conseqüències de la lleialtat complicava en excés el model, sense aportar-hi major valor.

La resposta al test es va acompanyar d'una visita presencial, on es feu una entrevista detallada comentant tots els aspectes més rellevants. La relació tan estreta que tenen les empreses amb les seves entitats financeres, el fet de treballar amb moltes entitats i l'impacte que ha tingut la crisi financera en aquestes relacions van ser temes que sorgiren en totes les entrevistes. La crisi feu desaparèixer moltes entitats per fusions, que no han sigut substituïdes per altres i per tant la conseqüència fou que quedessin menys proveïdors financers en el mercat.

Fruit d'aquestes converses sorgí l'interès per la tercera part del qüestionari, on s'avalua d'una forma concreta el procés de concessió de crèdit i la percepció que tenen els empresaris de la mateixa.

8.2.3 Població

La investigació proposada es volia centrar en empreses de mida mitjana i gran de Catalunya.

Aquesta delimitació es feu per dos motius al seu favor: el coneixement del teixit empresarial català era més factible que un de major mida per a la realització de l'estudi i alhora tenia una mida suficientment gran per incloure tots els sectors i tipologies empresarials.

Per tal d'establir la població objectiva es seguí la classificació proposada en la Recomanació de la CE de 6 de maig de 2003. Segons aquesta, les empreses mitjanes eren aquelles que tenen entre 50 i 250 treballadors; entre 10 i 50 milions d'euros de facturació i d'entre 10 i 43 milions d'euros de volum en el seu balanç. No cal que complís els tres requisits per ser considerada així sinó que n'hi havia prou amb que complís el referent al nombre d'ocupats i un dels altres dos.

A nivell esquemàtic es presenta de la següent forma,

Categoria de companyia	Empleats	Xifra de negocis	o	Total xifra balanç
Microempresa	<10	< € 2 Milions		< € 2 Milions
Petita	<50	< € 10 Milions		< € 10 Milions
Mitjana	<250	< € 50 Milions		< € 43 Milions

Taula 11. Característiques de les petites i mitjanes empreses.
Font: (Act et al., 2014)

Al 2011, a Catalunya havia 496.806 empreses. D'aquestes, el 99,8% eren PIMES. 278.369 empreses sense assalariats i 217.589 amb assalariats (Pimec, 2013)

D'aquestes, les que ens ocupen en aquest estudi són les mitjanes i grans empreses, que són respectivament 4.623 i 848 (Pimec, 2013).

El fet d'escollir empreses d'aquesta mida per a la investigació es deu a diferents raons: en primer lloc perquè la major mida implica tenir una major professionalització en la gestió de les finances. Per una altra part, la propietat no porta directament aquests temes normalment i això comporta que el contacte amb el banc es fa des d'una certa distància emocional. En un estudi d'aquestes característiques aquest és un fet important doncs sempre hi haurà menys condicionants personals o no vinculats directament al negoci quan s'avaluï la relació de l'empresa amb l'entitat financera. És a dir, l'entitat financera es relacionarà amb el seu client en la mesura que és una persona jurídica i no segons quina relació tingui amb el propietari.

A nivell d'informació financera, el tipus d'empresa cercat en aquest estudi, en la seva major part, té la obligació de realitzar una auditoria externa dels comptes. Això suposa un afegit a la veracitat de les seves xifres així com l'exigència d'una major professionalització per part del seu personal.

No és senzill realitzar estudis en els que s'obtinguin respostes dels responsables financers de les empreses. El baix nivell de respostes explica la dificultat d'accedir-hi donat el tipus d'informació sobre el que es treballa, força sensible i confidencial (Lam i Burton, 2005). De fet en aquest estudi s'obtingueren 32 respostes, que no eren de qüestionari sinó d'entrevista.

Ara bé, cal que els que responguin siguin els directius empresarials que més vinculats estiguin al concepte estudiat (Aksoy, 2013). En el nostre cas, establirem que els que havien de respondre eren els tresorers o aquells que portaven directament la relació amb l'entitat financera per part del banc.

En un estudi sobre la lleialtat i la seva mesura, amb entrevistes a directius, se'n van aconseguir 92 (Aksoy, 2013). En el nostre cas han de ser els directius del departament financer, qui són els que tracten amb les entitats financeres. Altres estudis aconsegueien un nombre inferior de respostes de les mitjanes i grans empreses, un total de 71 (Marinković i Senić, 2012).

8.2.4 Mostra i descripció utilitzada

Com s'ha comentat en apartats anteriors, la recerca de respostes basa el seu èxit només en funció que es puguin recollir de forma individualitzada dels responsables financers, en la mesura que aquests són més indicats per respondre.

En aquest sentit es va voler ser molt rigorós, prioritzant la recollida de respostes de les persones objectiu de l'enquesta. Amb aquesta finalitat s'inicià la recollida de respostes amb la realització de dos contactes institucionals:

ACCID (Associació catalana de comptabilitat i direcció). Es sol·licità i obtingué la col·laboració d'aquesta associació de directius financers i tresorers. En virtut d'aquest acord, s'inclogué en la seva *Newsletter* del dia 18 de desembre de 2014 un enllaç per contestar l'enquesta. Es feu un posterior recordatori el 29 de gener de 2015. Els resultats obtinguts foren insignificants, obtenint només 8 respostes dels prop de 10.000 destinataris d'aquesta publicació.

IESE BUSINESS SCHOOL. Es feu una petició a la seva associació d'antics alumnes (de la que formo part) perquè es pogués distribuir el qüestionari entre els seus associats que tinguessin el càrrec corresponent a l'objecte d'aquesta investigació. Sense obtenir resposta positiva de col·laboració per la seva part.

Posat en contacte amb les diferents cambres de comerç catalanes tampoc s'obtingué resposta favorable per part de cap d'elles.

Donades aquestes circumstàncies s'hagué de realitzar una cerca individual de candidats. Es feu per quatre vies diferents: contactes personalment coneguts per l'investigador, cerca individual en la base de dades d'antics alumnes d'IESE Business School i la Universitat Oberta de Catalunya, i finalment la xarxa de contactes professionals Linkedin.

Aquest sistema assegurava en una alta mesura la coincidència del responent amb el candidat cercat a la investigació.

Els contactes realitzats foren 288, amb un nombre total de respostes de 152, quantitat adequada per tal de dur a terme un Model Lineal de Regressió Múltiple. Inicialment, sobre el total dels individus existia un nombre elevat de "missing values" en relació a les variables específiques objectes d'estudi oscil·lant entre els percentatges entre el 40,97 % i el 30,9%. Per aquest motiu, s'ha decidit reemplaçar-los imputant el valor de la seva mitjana aritmètica.

A més a més de la dificultat en l'obtenció del contacte específic en el departament financer, aquesta enquesta presentava la dificultat, confirmada per alguns candidats, d'haver de respondre qüestions que podien entrar dins l'àmbit de confidencialitat de l'empresa. Malgrat les garanties ofertes per l'investigador en aquest sentit, no fou prou en alguns casos per vèncer les reticències.

No és un fet nou en aquest tipus d'investigacions. De fet, són molt més comunes aquestes investigacions en empreses de mida reduïda. Entre d'altres motius es destaca aquesta especial confidencialitat, el fet de no ser en general empreses molt conegudes i de fàcil accés i hi ha poca literatura al voltant de com s'ha fet la recerca (Tyler i Stanley, 1999b).

De fet, com s'observa en la recopilació de dades, els candidats no responien a la totalitat de les qüestions. En la mesura que consideraven que no podien facilitar la informació demanada, obviaven la pregunta.

Una altra de les circumstàncies que invalidaren alguns qüestionaris fou la no superació de les *preguntes filtre*, que comentem posteriorment, i la finalitat de les quals és impedir una resposta del qüestionari per algú que no sigui un candidat cercat.

El disseny del qüestionari i la tabulació inicial de les dades es va dur a terme mitjançant l'aplicació web *Surveymonkey,* la qual permet recavar les respostes *on line* dels entrevistats i arxivar-les en format pla *csv.* Aquest fet facilita la seva importació mitjançant el paquet estadístic SPPS pel tal de realitzar el seu tractament i explotació estadística.

La recepció dels qüestionaris es va dur a terme entre gener i març de 2015, data en que es va donar per finalitzada aquesta fase del treball de camp.

Es va generar el qüestionari mitjançant la pàgina web *Surveymonkey*, especialitzada en aquestes tasques. Es feu una petició de resposta als candidats mitjançant el seu mail individual de feina, garantint així l'enviament a la persona adequada. El recordatori es repetí fins a un màxim de tres cops, amb la finalitat d'obtenir un major nombre de respostes.

La recepció dels qüestionaris es va dur a terme entre gener i març de 2015, data en que es va donar per finalitzada aquesta fase del treball de camp.

8.2.4.1 Metodologia

Com s'ha comentat, les dades han estat recollides mitjançant qüestionari per tal de poder realitzar el corresponents contrasts d'hipòtesis i la seva anàlisi estadística. L'escala utilitzada ha sigut obtinguda d'altres estudis realitzats prèviament, fet que permet la seva comparació.

Al respecte, s'ha emprat una escala Likert, de tipus ordinal, amb el rang que oscil·lava entre els valors 1 i 5 (1 - Molt en desacord; el 2 - En desacord; 3 - Ni d'acord ni desacord; 4 - D'acord; 5 - Molt d'acord). Posteriorment, s'ha calculat la mitjana aritmètica d'aquest conjunt de variables mesurades en escala ordinal, per tal de poder emprar variables mesurades en escala mètrica, un dels requisits d'aplicació del model de regressió múltiple.

L'escala Likert és una de les més utilitzades en les investigacions en ciències socials (Lozano, García-Cueto, i Muñiz, 2008) sent el nombre d'alternatives utilitzat més freqüentment de cinc (Lozano et al., 2008). Com és el cas d'aquest estudi. El propi Likert va proposar aquest nombre com el més adient. En la literatura s'entén que el ideal està entre quatre i set. Tenint en compte que quan la fiabilitat s'incrementa molt poc a partir de cinc.

L'ús del qüestionari ha sigut criticat perquè es tracta d'un format molt rígid que no permet captar alguns aspectes emocionals que estan implícits en les relacions, com pot ser la confiança. Les entrevistes permeten aconseguir d'una forma més flexible la informació (Tyler i Stanley, 1999a). En el cas de la present investigació es feu servir perquè permetia parametritzar variables que són de difícil mesura.

Per realitzar els càlculs de cada variable es feren per la mitjana simple dels ítems utilitzats, mesura ja utilitzada en estudis previs (Setó-Pamies, 2012). Al tractar-se de variables difícils d'observar per no tenir una definició única, es considerà més fiable treballar amb més ítems i realitzar després aquesta mitjana. S'evitava així el risc que alguna pregunta no fos ben entesa pels enquestats i alhora permetia recollir els diferents aspectes que conformen cada variable.

8.2.4.2 Disseny del qüestionari

En la fase del disseny del qüestionari es van formular tres preguntes prèvies de filtre o control, amb la finalitat de seleccionar només aquells candidats que fossin els adients per respondre segons el fenomen objecte d'estudi. En el cas de que alguna d'elles fos contestada negativament, per tant, eren considerades en la mostra final.

Les preguntes filtre utilitzades foren:

1. Sóc un interlocutor entre la meva empresa i les seves entitats financeres.

Aquest apartat és clau per determinar la validesa d'aquell que respon a les preguntes. L'empresa com a tal no pot ser lleial ni tenir percepcions sobre els seus proveïdors i per tant és important que el que respongui l'enquesta sigui qui tingui el contacte directe amb l'entitat financera.

Tampoc seria vàlida la resposta d'una persona que conegués aquesta relació entre el banc i la seva empresa si ell directament no hi participés d'alguna manera rellevant.

2. L'empresa per la que treballo està radicada a Catalunya (o la unitat de negoci de Catalunya té certa capacitat decisòria en les seves relacions amb entitats financeres).

Aquest és un element de restricció metodològica. La investigació es vol centrar en un espai més reduït (només Catalunya) per obtenir una mostra que pugui ser més representativa d'aquest espai i per les altres raons apuntades. Donat també que la capacitat d'obtenir respostes va en funció de les relacions personals que es tinguin amb els interlocutors empresarials, una aproximació geogràfica serà important per l'èxit de la resposta.

3. L'empresa per la que treballo compleix dos dels tres requisits següents: tenir més de 50 treballadors, més de 10 MM de volum de facturació o més de 10 MM en volum de balanç.

La mida de l'empresa té la seva importància en funció del que es vol investigar. Es descartaren empreses de molt reduïda mida perquè en elles normalment la figura del gerent, director financer i propietari podien coincidir en una mateixa persona o en un àmbit familiar molt reduït. És obvi també que la professionalització d'aquestes empreses és molt inferior a les d'una major mida.

Prèviament a tots els candidats se'ls havia informat dels requisits per poder respondre l'enquesta. En qualsevol cas, i com a mesura de protecció, es demanaven aquestes tres preguntes, amb l'opció Sí/No. Si alguna de les respostes era negativa el qüestionari finalitzava.

Per tant, les a més a més de la cerca personalitzada de candidats, hi havia un segon filtre per tal que només responguessin aquells que ho havien de fer.

8.2.4.3 Fiabilitat del qüestionari

La fiabilitat fa referència a l'absència d'errors de mesura. És a dir, a la consistència i estabilitat que han d'obtenir les puntuacions si es fan diferents mesures amb el mateix instrument. S'entén com la capacitat de reproduir uns resultats similars si el test fos respòs per unes altres persones.

L'índex de consistència interna Alpha de Cronbach és el coeficient de fiabilitat que s'utilitza en aquesta investigació. El seu valor varia entre 0 i 1, sent els valors més alts d'aquest índex els que ens indiquen major consistència. El 0 suposaria una confiabilitat nul·la mentre que l'1 seria la confiabilitat total. La distància d'aquest 1 ens donarà l'error aleatori que s'està cometent.

Una regla d'ús comú es considerar que un 0,70 és un criteri correcte d'acceptabilitat (Nunnally, 1978). Per davall de 0,70 es considera que hi ha poca consistència (Peterson, 1994).

El coeficient alfa fou desenvolupat per Cronbach (1951) com una mesura generalitzada de la consistència interna d'un qüestionari amb diferents ítems. Avui dia és el més utilitzat en les ciències socials. El propi autor confirmaria despés que aquesta mesura era utilitzada de mitjana unes 325 vegades cada any (L.J. Cronbach, 2004)

En el cas d'aquesta investigació, la fiabilitat del conjunt d'ítems del qüestionari és altament satisfactòria, al obtenir valors per sobre del 0,94 en tots els ítems (Veure taula xx).

8.2.4.4 Validació del qüestionari

Per a la validació dels qüestionaris de les preguntes de bateria amb escala d'1 a 5 – grau des de totalment d'acord fins a totalment en desacord – es porta a terme una anàlisi factorial per a comprovar que mesuren dimensions semblants i que no en queda cap fora de l'anàlisi.

Veurem la idoneïtat d'aquestes dimensions mitjançant la variància explicada del total de les variables mitjançant els factors (l'anàlisi factorial busca condensar la informació d'X variables en X-1 variables, és a dir, condensa informació en menys espai).

I a més a més es realitza l'anàlisi de la prova de KMO, que compara la magnitud dels coeficients de correlació observats amb els coeficients de correlació parcial, tenint valors d'entre 0 i 1. Quan els valors estan per sobre de 0,5 s'accepta la validesa del constructe.

Per altra banda, també es porta a terme la proba d'esfericitat de Barlett en la qual es contrasta la hipòtesi nul·la de que la matriu de correlacions observada és en realitat una matriu identitat. Si mostrés valors de significació per sobre de 0.05 no es podria afirmar que es pogués realitzar l'anàlisi factorial i es refusaria la validesa del constructe.

Com es veurà en les taules següents, tots els constructes quedaren validats.

Validació referent a l'acomodació al risc.

Mesura d'adequació mostral de Kaiser-Meyer-Olkin.		,750
Proba de esfericitat de Bartlett	Chi-cuadrado aproximado	273,349
	gl	3
	Sig.	,000

Taula 12. KMO i prova de Bartlett

Component	Autovalors inicials	Sumes de las saturacions al quadrat de l'extracció

	Total	% de la variància	% acumulat	Total	% de la variància	% acumulat
1	2,637	87,915	87,915	2,637	87,915	87,915
2	,238	7,950	95,865			
3	,124	4,135	100,000			

Mètode d'extracció: Anàlisis de Components principals.

Taula 13. Variància total explicada.

Validació referent a la satisfacció del client.

Mesura d'adequació mostral de Kaiser-Meyer-Olkin.		,883
Proba de esfericitat de Bartlett	Chi-quadrat aproximat	349,882
	gl	10
	Sig.	,000

Taula 14. KMO i prova de Bartlett.

Component	Autovalors inicials			Sumes de las saturacions al quadrat de la extracció		
	Total	% de la variància	% acumulat	Total	% de la variància	% acumulat
1	3,717	74,336	74,336	3,717	74,336	74,336
2	,528	10,556	84,893			
3	,312	6,230	91,123			
4	,247	4,946	96,069			
5	,197	3,931	100,000			

Mètode d'extracció: Anàlisis de Components principals.

Taula 15. Variància total explicada.

Validació referent a la lleialtat

Mesura d'adequació mostral de Kaiser-Meyer-Olkin.	,813

Proba de esfericitat de Bartlett	Chi- quadrat aproximat	302,407
	gl	6
	Sig.	,000

Taula 16. KMO i prova de Bartlett.

Component	Autovalors inicials			Sumes de las saturacions al quadrat de la extracció		
	Total	% de la variància	% acumulat	Total	% de la variància	% acumulat
1	3,211	80,267	80,267	3,211	80,267	80,267
2	,399	9,969	90,236			
3	,247	6,164	96,400			
4	,144	3,600	100,000			

Mètode d'extracció: Anàlisis de Components principals.

Taula 17. Variància total explicada.

Validació referent a la imatge

Mesura d'adequació mostral de Kaiser-Meyer-Olkin.		,771
Proba de esfericitat de Bartlett	Chi-quadrat aproximat	277,755
	gl	6
	Sig.	,000

Taula 18. KMO i prova de Bartlett.

Component	Autovalors inicials			Sumes de las saturacions al quadrat de la extracció		
	Total	% de la variància	% acumulat	Total	% de la variància	% acumulat
1	3,035	75,880	75,880	3,035	75,880	75,880
2	,556	13,906	89,785			

3	,235	5,866	95,651			
4	,174	4,349	100,000			

Mètode d'extracció: Anàlisis de Components principals.

Taula 19. Variància total explicada.

Validació referent a la sensibilitat al preu.

Mesura d'adequació mostral de Kaiser-Meyer-Olkin.		,702
Proba de esfericitat de Bartlett	Chi- quadrat aproximat	215,712
	gl	6
	Sig.	,000

Taula 20. KMO i prova de Bartlett.

Component	Autovalors inicials			Sumes de las saturacions al quadrat de la extracció		
	Total	% de la variància	% acumulat	Total	% de la variància	% acumulat
1	2,536	63,389	63,389	2,536	63,389	63,389
2	1,014	25,352	88,741	1,014	25,352	88,741
3	,333	8,330	97,071			
4	,117	2,929	100,000			

Mètode d'extracció: Anàlisis de Components principals.

Taula 21. Variància total explicada.

Validació referent al boca orella

Mesura d'adequació mostral de Kaiser-Meyer-Olkin.		,744
Proba de esfericitat de Bartlett	Chi- quadrat aproximat	211,160
	gl	6
	Sig.	,000

Taula 22. KMO i prova de Bartlett

Component	Autovalors inicials			Sumes de las saturacions al quadrat de la extracció		
	Total	% de la variància	% acumulat	Total	% de la variància	% acumulat
1	2,707	67,679	67,679	2,707	67,679	67,679
2	,786	19,641	87,320			
3	,326	8,142	95,462			
4	,182	4,538	100,000			

Mètode d'extracció: Anàlisis de Components principals.

Taula 23. Variància total explicada.

Capítol 9. Primera part de la investigació. Determinants de la lleialtat.

9.1 Model proposat

En funció dels objectius d'aquesta investigació i de les dades mostrals disponibles, s'ha emprat el Model Lineal de Regressió Múltiple (MLRM). Aquest model permet trobar i quantificar les relacions existents entre les variables emprant tècniques basades en els mètodes d'inferència estadística, basant-se en una relació de tipus lineal. Per aquest fet permeten realitzar prediccions, així com una anàlisi estructural entre les variables que integren el model resultant.

El MLRM ens permet testar les relacions entre les variables incloses en el model. Més concretament, se suposa que el comportament d'una determinada variable, anomenada variable endògena, variable dependent o variable a explicar i que es representa amb la lletra *Y*, pot ser explicat adequadament, per un conjunt de variables que anomenades explicatives o X (independents o exògenes). La relació de causalitat entre la variable dependent i els seus predictors és de caràcter unidireccional.

El MLRM és emprat de forma generalitzada en l'àmbit de les ciències socials i l'economia, i és la base de la denominada branca de l'econometria.

Els supòsits del MLRM contemplen una sèrie de propietats en relació al terme de pertorbació, el qual confereix la part aleatòria d'aquest.

El terme de pertorbació s'introdueix en el MLRM per tal de recollir l'efecte de, en primer lloc, totes aquelles variables que no han estat incloses en el model com a variables explicatives de la dependent, però que també podrien explicar a la variable Lleialtat. Seguidament, un segon factor recollit en el terme de pertorbació és el mateix comportament aleatori que resideix en la conducta humana en particular, i en les relacions econòmiques i socials en general. Finalment, recull tots aquells errors de mesura relatius a les variables incloses en el model, així com altres errors en l'equació.

Per tant s'observa com el terme de pertorbació incorpora l'efecte conjunt d'altres variables o comportaments no explicitats en el model, per als quals el seu efecte individual no resulta rellevant.

Cal tenir en consideració que el terme de pertorbació no és realment observable, per la qual cosa haurem d'establir una sèrie d'hipòtesis sobre el seu comportament.

Més concretament, les hipòtesis sobre el terme de pertorbació són les següents:

- L'esperança matemàtica dels termes de pertorbació és zero.
- La normalitat de la distribució dels residus dels termes de pertorbació, és a dir, cadascuna de les seves components es distribueix segons una llei normal.
- La seva independència. No existeix autocorrelació entre els diferents termes de pertorbació. L'estadístic de Durbin – Watson s'empra per tal de testar l'existència d'autocorrelació. Si el seu valor és pròxim a 2 llavors els residus es troben incorrelacionats, per tant, són independents; si és pròxim a 4 es troben negativament correlacionats i si s'aproxima a 0 es troben positivament correlacionats.
- El terme de pertorbació té una variància constant per a totes les observacions, característica coneguda com a homoscedasticitat.

L'incompliment d'aquests supòsits del MLRM té conseqüències negatives en l'estimació del model ja que incrementa el valor de les seves variàncies i covariàncies, fet que reverteix en unes estimacions dels paràmetres imprecises i poc estables.

En aquest cas, tot i existir una elevada correlació entre les variables "Lleialtat", "Satisfacció" i "Imatge", no es tradueix en multicol·linealitat, tal i com queda especificat en apartat posterior.

Es farà referència a aquests supòsits quan sorgeixin en aspectes concrets de la investigació.

El model que es presenta considera la variable endògena la Lleialtat (Y) i les variables exògenes o independents la Satisfacció (X1), l'Acomodació creditícia (X2) i la Imatge (X3).

Es presumeix en la present investigació que el nivell de lleialtat es troba explicat per la satisfacció del client, l'acomodació creditícia i la imatge. El model lineal queda especificat, per tant, de la següent manera:

$$\mathbf{Y = \beta_0 + \beta_1 X_1 + \beta_2 X_2 + \beta_3 X_3 + \varepsilon}$$

Essent,

Y = Lleialtat

X_1 = Satisfacció

X_2 = Acomodació creditícia

X_3 = Imatge

ε= Terme de pertorbació

Com es comentava anteriorment el terme de pertorbació, ε, conté tots aquells errors que no poden ser explicats per les variables independents considerades en el present model.

Inicialment es realitza una anàlisi descriptiva de les variables considerades en el Model Lineal de Regressió Múltiple plantejat.

	N	Minimum	Maximum	Mean	Std. Deviation	Variance
Acomodació	152	1,00	5,00	3,98	1,05	1,11
Satisfacció	152	1,00	5,00	3,57	,81	,67
Lleialtat	152	1,00	5,00	3,76	,89	,80
Imatge	152	1,00	5,00	3,65	,82	,68
Valid N (listwise)	152					

Taula 24. Estadístics descriptius.

Inicialment es pot observar com els valors de les dades són, en la seva majoria, molt propers als valors més elevats, codificats com ("d'acord" i "molt d'acord"), motiu pel qual les valoracions es troben concentrades i properes al valor 4 i per tant allunyades del valor de neutralitat (representat pel 3, "ni d'acord ni en desacord"). La desviació estàndard oscil.la entre els valors 0,81 i 1,05. Per tant, s'observa una semblança en les desviacions estàndard de les variables.

S'avaluen seguidament les correlacions entre les variables del model

	Lleialtat	Acomodació	Satisfacció	Imatge
Lleialtat	1,00	,41	,82	,81
Acomodació	,41	1,00	,57	,52
Satisfacció	,82	,57	1,00	,75
Imatge	,81	,52	,75	1,00

Taula 25. Matriu de correlacions. Model proposat.

Les correlacions mostren el grau de canvi conjunt entre dues variables de forma lineal i es troben acotades pels valors -1 i 1. Valors positius i propers a 1 ens indiquen un grau de correlació positiva

Podem observar com la variable independent "Lleialtat" es troba de forma important i positiva correlacionada, amb les variables "Satisfacció"(0,82) i "Imatge" (0,81). En canvi, en relació a la variable "Acomodació" aquest valor descendeix a (0,41). Aquest fet ens pot indicar que aquesta variable no serà explicativa de la variable "Lleialtat", en el Model Lineal de Regressió Múltiple, atenent al baix valor de la correlació obtinguda. Addicionalment, en termes relatius, el valor de la correlació entre la Lleialtat i l'Acomodació és la meitat que entre la Lleialtat i les variables Satisfacció Imatge (0,41 en contraposició a 0,82 i a 0,81, respectivament).

El valor de R^2 és el coeficient de determinació i ens mostra el grau d'adherència de la recta de regressió al núvol de punts. Es troba acotat entre els valors 0 i 1 i com més propers siguin a 1, major serà l'adherència de la recta i en conseqüència, el model escollit. En aquest cas, el valor de 0,71 es pot considerar satisfactòriament elevat.

Model		R	R Square	Adjusted R Square	Std. Error of the Estimate
dimension0	1	,52[a]	0,47	0,42	0,80

a. Predictors: (Constant), Lleialtat
b. Dependent Variable: Boca_orella

Taula 26. Coeficient de determinació i estadístic de Durbin -Watson.

Es pot observar com en aquest cas, el coeficient de determinació ajustat a les 3 variables explicatives del model és de 0,71. Aquest valor mostra com la variabilitat de la variable dependent captada per les variables independents és elevada, essent propera al 80 per cent.

Tot seguit, es realitza el contrast Anova per tal de testar la bondat del model en general, contemplant totes les variables. El contrast Anova es realitza mitjançant l'ús de la distribució F de Snedecor. En el contrast de significació conjunta, o contrast de significació global, valorem conjuntament la significació dels paràmetres del model, excepte l'associat al terme independent. Per tant, contrastem la rellevància conjunta de totes les variables.

Model		Sum of Squares	Mean Square	F	Sig.
1	Regression	55,285	18,428	99,833	,000[a]
	Residual	15,690	,185		
	Total	70,975			
a. Predictors: (Constant), Imatge, Acomodació, Satisfacció					
b. Dependent Variable: Lleialtat					

Taula 27. Contrast ANOVA

Valors elevats de F es corresponen amb valors significatius del contrast (pv = 0,00) El model és significatiu en el seu conjunt. Per tant, sabem que almenys una de les tres variables explicatives és significativa.

Tot seguit es testa la significació individual dels paràmetres del model, per veure quins són significatius de forma separada. El contrast de significació individual dels paràmetres β es realitza emprant la distribució t de Student.

Model		Unstandardized Coefficients		Standardized Coefficients	t	Sig.	Collinearity Statistics
		B	Std. Error	Beta			VIF
1	(Constant)	,24	,22		1,06	,29	
	Acomodació	-,13	,05	-,15	-2,49	,01	1,53
	Satisfacció	,61	,09	,55	6,76	,00	2,60
	Imatge	,51	,08	,47	6,01	,00	2,38

Taula 28. Distribució t de Student

a. Dependent Variable: Lleialtat_m

Observem com les variables explicatives "Satisfacció" i "Imatge" són clarament significatives a un nivell de significació del 5% (valor dels p value=0.000). En canvi la variable "Acomodació", si bé es podria considerar significativa(p value=,015), el seu poder explicatiu és molt baix, gairebé nul si atenem al valor de les betes estandarditzades (-0.158), en relació als valors obtinguts per les variables "Satisfacció" (0,557) i "Imatge" (0,474). Degut al seu baix poder explicatiu es decideix no considerar en el model de regressió a la variable independent "Acomodació" .

En altres paraules, les variables independents nivell de satisfacció i imatge ens permeten, a nivell estructural i predictiu, establir el nivell de lleialtat obtinguda.

Com les variables lleialtat, satisfacció i imatge es troben mesurades en escala ordinal , són interessants els coeficients de beta estandarditzats. Fixant-nos en ells i prescindint de la variable «Acomodació» veiem que les variables «Satisfacció» i «Imatge» contribueixen de manera similar a explicar la variable «Lleialtat»., cosa que confirmarem amb el model ajustat.

Finalment, atenent als valors dels VIF (Factor d'increment de la variància) inferiors en tot cas al valor 5, es descarta la potencial existència de multicol·linealitat entre les variables independents considerades. La multicol·linealitat redunda en unes estimacions poc precises dels paràmetres degut a l'increment del valor de les variàncies i covariàncies.

9.2 Model ajustat. Exclusió de la variable "Acomodació creditícia"

Tenint present l'argumentació anterior, en aquest model de regressió no es tindrà en compte la variable "Acomodació creditícia", quedant doncs determinat de la següent manera:

$$Y = \beta_0 + \beta_1 X_1 + \beta_3 X_3 + \varepsilon$$

Essent,

Y = Lleialtat

X_1 = Satisfacció

X_3 = Imatge

ε =Terme de pertorbació

		Lleialtat	Satisfacció	Imatge
Pearson Correlation	Lleialtat	1,00	,80	,80
	Satisfacció	,80	1,00	,75
	Imatge	,80	,75	1,00
Sig. (1-tailed)	Lleialtat	.	,00	,00
	Satisfacció	,00	.	,00
	Imatge	,00	,00	.

Taula 29. Pearson

Malgrat entendre's inicialment que l'acomodació creditícia tindria una importància destacada en la present investigació, es mostrà que no es donava aquest cas i per tant s'ha d'extreure. Es segueix doncs amb tots els passos del procediment establerts per poder obtenir les conclusions corresponents.

Tal i com ja s'ha observat en apartats anterior, la correlació entre la variable "Lleialtat" i les variables "Satisfacció" i "Imatge" és elevada (valors 0,82 i 0,81 respectivament) i significativa.

R	R Square	Adjusted R Square	Std. Error of the Estimate
,85[a]	0,73	0,72	0,47
a. Predictors: (Constant), Imatge_m, Satisfacció_m			
b. Dependent Variable: Lleialtat_m			

Taula 30. Coeficient de determinació.

Observem com en el nostre cas, el coeficient de determinació (R^2) ajustat al nombre de variables és de 0,72. Aquest fet ens indica que la variabilitat de la variable dependent explicada per les variables independents és elevada.

L'adherència del model plantejat al núvol de punts de la recta de regressió és elevada. Més d'un 70% de la variabilitat de la variable independent, Y, nivell de lleialtat, s'explica per les variables "Satisfacció" obtinguda i "Imatge". A més, tal com es constata posteriorment, la imatge i la satisfacció contribueixen de forma molt semblant a la creació del nivell de lleialtat assolit per la institució financera (valors de β i β's estandarditzades).

Model		Sum of Squares	Mean Square	F	Sig.
1	Regression	57,51	28,75	130,09	,00[a]
	Residual	20,77	,22		
	Total	78,29			

a. Predictors: (Constant), Imatge_m, Satisfacció_m
b. Dependent Variable: Lleialtat_m

Taula 31. Contrast ANOVA

S'observa com el model és significatiu en el seu conjunt (p value = 0,000). Per tant, podem concloure que almenys una de les dues variables explicatives és significativa.

Model		Unstandardized Coefficients		Standardized Coefficients		
		B	Std. Error	Beta	t	Sig.
1	(Constant)	-,16	,16		-1,05	,29
	Satisfacció	,49	,09	,44	5,56	,00
	Imatge	,52	,09	,46	5,79	,00

a. Dependent Variable: Lleialtat_m

Taula 32. Estimadors del MRLM.

Es realitza seguidament un contrast individual dels paràmetres referits a les variables d'interès.

Les variables independents nivell de satisfacció i imatge obtinguda són significatives al ser els p value =0,000. Per tant, ambdues variables es mantenen en el model. Aquestes permeten, a nivell estructural i predictiu, establir el nivell de lleialtat obtinguda. Com les variables Lleialtat, Satisfacció i Imatge es troben mesurades en escala ordinal són interessants els coeficients de beta estandarditzats. En aquest cas els valors de les betes i les estandarditzades és molt semblant, de l'ordre del 50 per cent cadascuna (0,449 i 0,467 pel que fa a les betes estandarditzades). Aquest fet mostra que la importància per tal d'explicar la variable independent "Lleialtat" es similar entre les variables "Satisfacció" i "Imatge".

Per tant, el model teòric resultant que es planteja és el següent:

$$Y = \beta_0 + \beta_1 X_1 + \beta_3 X_3 + \varepsilon$$

$$\mathbf{Y = -0{,}168 + 0.49\, X_1 + 0.52 X_3}$$

Analitzant aquesta expressió matemàtica podem veure com, per exemple, guanyar un punt en imatge o farà guanyar 1/2 punt en lleialtat i el mateix passarà amb la variable Satisfacció.

Per exemple si tenim un client que valori la seva satisfacció amb un 3 i la imatge del banc amb un 3 obtindrem el següent en Lleialtat:

Lleialtat = -0,168 + 0,49 * 3 + 0,52 *3 = -0,168 + 1,47 + 1,56 = 2,862

És a dir, tot i que es valori amb la mateixa puntuació satisfacció i imatge, podem esperar una lleialtat per sota d'aquest valor, puig hi ha una petita «reticència a la lleialtat» per part dels clients, donat que s'ha de superar una constant negativa, (encara que petita en valor absolut) de -0,168.

9.3 Hipòtesi

El principal objectiu de recerca és aconseguir major coneixement sobre els tres determinants de la lleialtat establerts, incloent la variable acomodació creditícia, que no ha sigut massa estudiada per part de la literatura acadèmica.

En segon lloc, es vol esbrinar en quina mesura la lleialtat de l'empresa és generadora de recomanacions positives per part dels seus clients i la sensibilitat que aquests tenen en els preus que els hi ofereix el seu banc.

I finalment es vol realitzar una anàlisi de caire descriptiu de les variables considerades al qüestionari per esbrinar quina percepció té l'empresa sobre els procediments de concessió de crèdit per part dels bancs.

9.4 Relacions de l'acomodació creditícia i la lleialtat.

Hipòtesi 1. Quant major sigui l'acomodació creditícia major serà la lleialtat de l'empresa cap a la seva entitat financera.

De totes les relacions que es plantegen en aquest estudi, l'acomodació creditícia és la que menys interès ha despertat per la literatura acadèmica. De fet, els ítems utilitzats en el qüestionari van haver de ser elaborats específicament doncs no se'n trobaren adients per poder mesurar l'observació.

El que sí mostraven les dades objectives era la importància que el finançament bancari tenia en l'estructura financera de les empreses. En termes generals, es podia afirmar que la majoria d'empreses depenia dels seus bancs per tal de poder mantenir la seva operativa corrent. Aquests fons prestats pels bancs no podien ser substituïts pels de un altre proveïdor.

En algun dels pocs estudis han utilitzat aquesta variable s'ha destacat que entendre i acomodar-se a les necessitats d'un client és un dels principals conductors (*drivers*) de la lleialtat dels clients (Lam & Burton, 2006)

Però en aquests propis articles, ja s'assenyala que un dels factors clau és la dificultat que comporta accedir als directius financers de les empreses. S'explica aquesta dificultat per dos motius: en primer lloc pel fet de tractar-se de dades especialment sensibles per les empreses i en segon lloc perquè no estan clarament identificades aquestes persones i l'apropament a elles s'ha de fer de forma individual, com així es constatà en la realització del nostre estudi.

En la present investigació, es pot afirmar que hi ha una relació entre l'acomodació creditícia i la lleialtat de les empreses si bé no és tan consistent com inicialment podia creure's. Si bé estadísticament sí es pot dir que l'acomodació creditícia és una variable explicativa significativa de la lleialtat (com veiem en el p-value del quadre d'estimadors del MRLM del model proposat el seu valor és 0,015) el seu poder explicatiu és molt baix com es comentava anteriorment.

La gran relació entre banca i empreses, el fet que aquestes en depenguin financerament en molts casos i la importància que per si mateix té l'obtenció d'un préstec eren indicadors que portaven a creure que l'acomodació creditícia podia ser un generador important de lleialtat. Però els resultats obtinguts conviden a pensar que el fet de que l'oferta creditícia és limitada i molt similar entre les diferents entitats, no és un factor que influeixi de forma decisiva en la lleialtat. De fet, si valorem el coeficient beta obtingut en el model de regressió lineal múltiple proposat (Taula 5 del apartat 9,1) veiem que és negatiu: -0,13. Això implica que si consideréssim que hi ha una relació de causalitat entre la variable lleialtat i la variable acomodació, aquesta seria inversament proporcional. És a dir: a més acomodació creditícia per part de l'entitat financera, menor fidelitat del client cap a l'entitat., en contra del que podria semblar a priori. Les raons poden justificar aquest fet poden ser , per una banda, el fet que l'oferta bancària és limitada -com ja hem comentat- i no hi ha una gran variabilitat de condicions d'una entitat a una altre, i per l'altre el fet que com més fàcil resulta aconseguir finançament en les condicions desitjades, més fàcil resulta canviar de banc i per tant hi ha una menor lleialtat.

	Acomodació1	Acomodació2	Acomodació3
Mean	4,05	3,90	3,80

Taula 33. Valoració mitjana Acomodació Components.

Essent,

Acomodació1: Normalment ens donen l'import sol·licitat que necessitem (referit al meu principal banc).

Acomodació2: Normalment el meu banc principal m'ofereix el producte que necessito o si més no un que s'adequa a les meves necessitats.

Acomodació3: Normalment el meu principal banc m'ofereix el termini de l'operació que considero adequat.

Acomodació creditícia mitjana

	Mean		Std. Deviation	Variance
	Statistic	Std. Error	Statistic	Statistic
Acomodació	3,9152	,10219	1,07177	1,149

Taula 34. Valoració mitjana Acomodació.

La valoració mitjana s'obté realitzant la mitjana aritmètica entre els tres components de l'Acomodació (Acomodacio1, Acomodacio2, Acomodacio3). La variable Acomodació s'observa com ha assolit una valoració mitjana de 3,9, molt propera al valor 4, considerat com a "alta".

9.5 Relació entre la satisfacció del client i la lleialtat

Hipòtesi 2: Quant major sigui la satisfacció de l'empresa en relació a la seva entitat financera major serà la lleialtat cap a ella.

La relació entre satisfacció i lleialtat ha sigut establerta en nombrosos articles. Ho ha sigut d'una forma directa però també indirecta mitjançant altres mediadors.

Al ser un concepte profusament estudiat, que s'ha tractat i analitzat en molts sectors diferents, s'ha arribat a tres conclusions diferents. Per una part hi ha qui ha establert una relació molt directa entre satisfacció i lleialtat. En segon lloc, diferents estudis consideren que si bé té un impacte en la lleialtat, no n'és generadora per si sola i en tercer lloc hi ha qui considera que el seu impacte no és important.

En el primer grup trobem per exemple que és consideri que la satisfacció juga un paper molt destacat en la generació de lleialtat (Luiza et al., 2009). També s'ha trobat que hi ha una forta relació entre la satisfacció del client i la lleialtat (Beradović, 2006). Així, la satisfacció del client és considerada una de les variables importants en la generació de lleialtat. O que té un impacte positiu en la lleialtat (Setó-Pamies, 2012). En el mateix grup trobem també que un dels principals antecedents de la lleialtat bancària és la satisfacció (Lewis & Soureli, 2006)

Molts estudis consideren que un grau alt de satisfacció comportarà una major lleialtat per part del client el que conduirà a millors resultats de l'empresa (Kotler & Armstrong, 2012).

En el segon grup trobem que la satisfacció té un impacte positiu en la lleialtat del client (Hansen et al., 2013). Si bé es considera que aquell que estigui descontent amb més probabilitat abandonarà l'empresa com a client. Així doncs, la satisfacció en l'atenció no garantirà la seva lleialtat.

O trobem també que la satisfacció és un mediador entre la qualitat del servei i la lleialtat (Keng et altri, 2010). Això sí, quan un client està completament satisfet, llavors la lleialtat envers el banc es veu reforçada (Jones & Farquhar, 2003)

Un alt grau de satisfacció no és suficient per generar lleialtat en el client. La relació no és ni lineal ni simple (Luiza et al., 2009) De fet, entre un 65 i un 85% dels clients que canvien de proveïdor es mostraven satisfets o molt satisfets (una taxa que puja fins el 95% en el sector de l'automòbil) (Reichheld, 1993). En el mateix sentit trobem que la satisfacció no és suficient per generar lleialtat del client (Luiza et al., 2009)

N'hi ha que consideren que la correlació entre satisfacció i lleialtat és alta, encara que aconseguir la primera no significa que els clients no canviïn de banc (Leverin & Liljander, 2011)

En el tercer grup trobem que en la literatura també s'ha dubtat que tingui un impacte tan directe. Si bé en un estudi amb clients de tres touroperadors de Noruega (Andreassen & Lindestad, 1998) no es considerava que tingués un impacte significatiu en la lleialtat dels clients. Si més no, es considerava que per si sola no generaria aquesta lleialtat.

Com es pot observar en la present investigació, es demostra que existeix una correlació positiva entre satisfacció del client i lleialtat.

En la present tesi, a mesura d'aquesta complexa variable contempla diferents aspectes i utilitzàrem cinc ítems per tractar de captar la totalitat del concepte.

En els dos primers es mesurava la satisfacció global amb l'entitat i en concret amb els serveis prestats, seguint l'estudi de Eakuru, Kamariah & Mat (2008). El tercer i quart ítem mesuraven les expectatives del client i el concepte d'ideal que tingués d'una entitat financera (Hansen, Samuelsen & Sallis, 2013). Finalment l'últim feia referència al compromís del client amb el seu banc principal (Jamal&Anastasiadou, 2009).

Amb una mitjana de puntuació de 4 sobre 5, en els enunciats expressats en positiu sobre la satisfacció, els enquestats mostraven en general un elevat grau d'aquella.

Específicament, les dades obtingudes foren,

	Satisfacció1	Satisfacció2	Satisfacció3	Satisfacció4	Satisfacció5
Mean	3,49	3,48	3,75	3,60	3,45

Taula 35. Valoració mitjana Satisfacció Components.

Essent,

Satisfacció1: El meu banc està a prop del que jo considero un banc ideal.

Satisfacció2: Estic compromès amb aquest banc.

Satisfacció3: En general estic satisfet amb el meu principal banc.

Satisfacció4: Estic molt satisfet amb els serveis proveïts pel meu principal banc.

Satisfacció5: El meu principal banc sempre compleix les meves expectatives.

Satisfacció del client mitjana

	Mean		Std. Deviation	Variance
	Statistic	Std. Error	Statistic	Statistic
Satisfacció	3,54	,07	,80	,64

Taula 36. Valoració mitjana Satisfacció.

La valoració mitjana de la satisfacció s'ha calculat realitzant la mitjana aritmètica dels cinc components de la variable "Satisfacció". El valor de 3,54 es pot considerar com a "mitjà" al no arribar al valor 4 que estableix una valoració com a "alta".

En quant a la correlació amb altres variables, les dades obtingudes foren les següents,

		Lleialtat	Satisfacció	Imatge
Pearson Correlation	Lleialtat	1,00	,82	,81
	Satisfacció	,82	1,00	,75
	Imatge	,81	,75	1,00
Sig. (1-tailed)	Lleialtat	.	,00	,00
	Satisfacció	,00	.	,00
	Imatge	,00	,00	.

Taula 37. Matriu de correlacions.

Com podem observar, la correlació entre la Satisfacció i la lleialtat és elevada (0,824).

Així doncs i seguint l'exposició feta en els apartats anteriors, es reafirma la validesa d'aquesta hipòtesi, en el sentit de que quant major sigui la satisfacció de l'empresa major serà la lleialtat cap a la seva entitat financera.

Com podem observar en el p-value que s'ha obtingut per al coeficient (beta) d'aquesta variable en el model de regressió lineal múltiple ajustat 0,000, es demostra que la relació entre la variable Satisfacció i Lleialtat és altament significativa.

9.6 Relació entre la imatge i la lleialtat

Hipòtesi 3: Quant millor sigui la imatge de la entitat financera major serà la lleialtat de l'empresa cap a ella.

La imatge és un component important en els programes de màrqueting de les empreses i especialment en el cas de les entitats financeres. En la literatura acadèmica, trobem diferents concepcions sobre la seva importància.

Per un costat, trobem estudis que consideren que la imatge és el principal generador de lleialtat en diferents sectors. Per un costat el cas dels touroperadors a Noruega (Andreassen i Lindestad, 1998). El propi estudi indica que per infreqüents compres de serveis complexes com són els dels touroperadors, el principal conductor de la lleialtat és la imatge més que la satisfacció del client. També s'ha trobat com un dels principals antecedents de la lleialtat bancària (Lewis i Soureli, 2006).

De fet, en estudis posteriors (Askariazad i Babakhani, 2015) ja s'havia destacat que d'entre altres antecedents, la lleialtat en el *business to business* s'explicava primordialment per la imatge i la satisfacció del client. Tenint la primera major importància.

N'hi ha que en destaquen la seva importància però no de forma tan decidida. En un estudi sobre bancs de Tailàndia es mostra que existeix una relació positiva entre la imatge de l'entitat i la lleialtat del client (Eakuru, Kamariah i Mat,2008). O també en el sector hoteler s'ha demostrat la relació entre imatge i lleialtat (Kandampully i Suhartanto, 2003).

Per altre banda, en un estudi sobre el sector bancari a Hong Kong i la seva relació amb els clients corporatius, la imatge no fou trobada com a factor determinant de la lleialtat. Encara que d'això no s'ha d'extreure que no sigui important sinó potser simplement que no es veia un tret diferenciador entre entitats (Lam i Burton, 2006).

En la nostra investigació, per abastar les diferents dimensions del concepte utilitzàrem quatre ítems.

En els dos primers es mesurava la imatge del banc comparant-la amb la competència i amb la percepció que podien tenir-ne els seus clients, utilitzant ítems extrets de Hansen, Samuelsen i Sallis (2013). El tercer i quart ítem mesuraven uns altres dos aspectes rellevants de la imatge: la confiança que i honestedat que inspirava el banc. També foren ítems extrets d'un estudi ja realitzat (Stubbs i Cocklin,2007).

	Imatge1	Imatge 2	Imatge 3	Imatge 4
Mean	3,67	3,31	3,75	3,84

Taula 38. Valoració mitjana Imatge Components.

Essent els ítems:

Imatge1: El meu principal banc té una imatge molt positiva comparada amb els altres bancs.

Imatge 2: El meu principal banc té una imatge positiva entre els seus clients.

Imatge 3: Considero honest el meu principal banc.

Imatge 4 :El meu principal banc m'inspira confiança.

	Mean		Std. Deviation	Variance
	Statistic	Std. Error	Statistic	Statistic
Imatge	3,65	,07	,80	,64

Taula 39. Valoració mitjana Imatge.

La valoració mitjana de la variable Imatge s'ha calculat realitzant la mitjana aritmètica entre les 4 variables components d'aquesta. El valor de 3,65 es pot considerar com a "mitjà", al igual que en el cas de la variable Satisfacció.

Seguint l'exposició feta en els apartats anteriors, es reafirma la validesa d'aquesta hipòtesi, en el sentit de que quant millor sigui la imatge que tingui una empresa de la seva entitat financera major serà la lleialtat cap a ella.

Com es pot observar en el p-value que s'ha obtingut per al coeficient (beta) d'aquesta variable en el model de regressió lineal múltiple ajustat 0,000 es demostra que la relació entre la variable Imatge i Lleialtat és altament significativa.

Capítol 10. Segona part de la investigació. Conseqüències de la lleialtat.

10.1 Relació entre la lleialtat i la recomanació positiva d'un proveïdor financer

Hipòtesi 4. Quant major sigui la lleialtat d'una empresa cap a la seva entitat financera, major recomanació positiva en farà d'ella.

La recomanació positiva d'un proveïdor és de les variables més difícils de quantificar. Encara que el consumidor digui que efectivament parlarà bé del seu proveïdor i en recomanarà el seu ús, aquest fet després s'ha de dur a la pràctica i a més a més ha de tenir un efecte sobre el receptor del missatge, és a dir, que aquest faci intenció de posar-se a treballar o treballi realment amb aquest proveïdor.

En qualsevol cas, la literatura acadèmica al respecte s'inclina majoritàriament per relacionar aquesta variable com una conseqüència de la lleialtat. Si més no en la seva dimensió purament de recomanació.

En la literatura acadèmica, n'hi ha qui la consideren una conseqüència natural de la lleialtat (Dick i Basu, 1994). O si més no com una probable conseqüència de la lleialtat actitudinal (Fitzgibbon i White, 2005). O que sense afirmar-ho amb rotunditat, s'inclinen a pensar que probablement serà així *(Lam & Burton, 2006)*.

És a dir, com un benefici de la lleialtat, és probable que parlin bé de tu sense que els hi demanis (Bennett i Bove, 2002). Si més no tindran major disposició a parlar-ne bé (Luiza et al., 2009)

N'hi ha que consideren que els clients vertaderament lleials seran prescriptors de l'empresa entre familiars i coneguts, influint en la seva decisió (Jones i Farquhar, 2003)

En la present investigació, en la recerca de les conseqüències de la lleialtat esmentades anteriorment, es proposà un model amb la variable dependent *Recomanació positiva d'un proveïdor financer (Y)* i la variable independent *Lleialtat (X_1).*

La mesura d'aquesta variable contempla diferents aspectes i s'utilitzaren quatre ítems per abastar les diferents dimensions del concepte. De fet, en aquesta investigació s'ha usà un concepte molt complet de recomanació positiva de forma que es dificultava que la seva acceptació total per part de l'enquestat. El motiu per fer aquest plantejament era la voluntat de mesurar el concepte en la seva totalitat. No només és important esbrinar si es parlarà bé d'un proveïdor sinó també tractar de saber quins efectes se'n deriven d'aquestes recomanacions.

En els dos primers ítems es mesurava la recomanació positiva del banc cap a altres col·legues, és a dir, d'una forma activa. Aquests dos ítems ja havien sigut utilitzats anteriorment (Lam, Erramilli i Shankar, 2004). I en el tercer i quart ítem es mesurava una altra dimensió de la recomanació; la dimensió passiva. És a dir, en aquest cas qui havia de respondre era preguntat per si havia rebut indicacions positives sobre altres bancs i si aquestes recomanacions l'havien portat a acabar-hi treballant. En aquest cas, les dues preguntes foren elaborades específicament per aquesta investigació.

S'ha emprat el model de regressió simple, model idèntic al MLRM, si bé amb una sola variable explicativa o predictor.

El model teòric proposat respon a un Model Lineal de Regressió Simple al considerar una sola variable independent, la X_1.

El model teòric proposat és,

$$Y = \beta_0 + \beta_1 X_1 + \varepsilon$$

Essent Y = Boca – orella i X_1 = Lleialtat

	Mean	Std. Deviation
Boca_orella	3,30	,93
Lleialtat	3,76	,89

Taula 40. Valoració mitjana.

S'observa com la valoració mitjana de la variable "Boca-orella", és superior al valor 3, però inferior al valor 4, motiu pel qual la seva valoració es considera com a "mitja" sense esdevenir "alta".

Seguidament es testen les correlacions entre els variables considerades.

		Boca_orella	Lleialtat
Pearson Correlation	Boca_orella	1,00	,62
	Lleialtat	,62	1,00
Sig. (1-tailed)	Boca_orella	.	,00
	Lleialtat	,00	.
	Lleialtat		

Taula 41. Matriu de correlacions.

S'observa com la correlació entre les variables "Lleialtat" i "Boca orella", és de 0.62 i és significativa, podent-se considerar com a "mitja – alta"

Model		R	R Square	Adjusted R Square	Std. Error of the Estimate	Durbin-Watson
dimension0	1	,52[a]	0,47	0,42	0,80	2,07

a. Predictors: (Constant), Lleialtat
b. Dependent Variable: Boca_orella

Taula 42. Coeficient de determinació i estadístic de Durbin - Watson.

En aquest cas, el coeficient de determinació ajustat (R^2) és de 0,42. Això indica que la variabilitat de la variable dependent explicada per la variable independent és mitjana sense esdevenir elevada, redundant en un ajustament correcte de la recta de regressió al núvol de punts.

En altres paraules, la "Recomanació positiva d'un proveïdor" es troba explicada o causada per la variable "Lleialtat".

Model		Sum of Squares	Mean Square	F	Sig.
1	Regression	21,26	21,26	32,89	,00[a]
	Residual	56,23	,64		
	Total	77,50			

a. Predictors: (Constant), Lleialtat_m
b. Dependent Variable: Boca_orella_m

Taula 43. Contrast ANOVA.

S'observa com el model és significatiu en el seu conjunt (p value = 0,000). Per tant podem concloure que la relació entre la variable lleialtat i la variable Boca-orella és significativa.

Model		Unstandardized Coefficients		Standardized Coefficients	t	Sig.
		B	Std. Error	Beta		
1	(Constant)	1,24	,36		3,37	,01
	Lleialtat	,54	,09	,52	5,73	,00

a. Dependent Variable: Boca_orella_m

Taula 44. Contrast de significació individual.

El coeficient Lleialtat és significatiu (pv =0,000) i el Model Lineal de Regressió Simple queda especificat de la següent manera:

$Y = \beta_0 + \beta_1 X_1 + \varepsilon$,

Essent Y = Boca – orella i X_1 = Lleialtat

$Y= 1,24+ 0,54X_1$

El valor estandarditzat del coeficient beta (0,52) ens indica que la variable lleialtat explicaria un 50% de la variació de la variable "Boca orella".

Finalment considerant els presents resultats, es pot afirmar que la *Recomanació positiva d'una altra entitat* és una conseqüència que es deriva de la lleialtat de les empreses cap a les seves entitats financeres.

10.2 Relació entre la lleialtat i sensibilitat al preu

Hipòtesi 5. Quant major sigui la lleialtat d'una empresa cap a la seva entitat financera, menor sensibilitat al preu tindrà cap als productes que en contracti.

En aquest cas la literatura no mostra tampoc massa uniformitat en les seves conclusions. En la literatura acadèmica ens trobem amb exemples de les dues possibilitats. Hi ha tant els que consideren que un client lleial mostrarà més conformitat amb un preu elevat com el que considera que serà més sensible al preu precisament perquè considera que la seva lleialtat i vinculació el fan més mereixedor d'un bon tracte per part de l'entitat financera.

Si bé en la literatura trobem les dues explicacions, és majoritària la primera opció: un client lleial tindrà menys sensibilitat al preu. Així, quan major sigui la satisfacció del client amb el banc major disposició tindrà a pagar més (Luiza et al., 2009). O si més no, acceptarà i contractarà els productes encara que el seu preu pugui ser superior al de una entitat diferent a la que no sigui lleial.

Aquesta disposició a pagar més serà una conseqüència normal de la lleialtat (Bennett i Bove, 2002) (Bloemer et al., 1999). O si més no, quan aquesta lleialtat sigui actitudinal (Fitzgibbon i White, 2005).

En el segon cas trobem un exemple en Kumar i Reinartz (2002). En un estudi fet entre setze mil empreses, concloïen que en termes generals un client lleial serà més sensitiu al preu. Seguint aquest estudi, el client lleial coneix el seu valor i per tant negocien constantment amb el proveïdor. De fet, rarament són clients profitosos.

En la nostra investigació, en la recerca de les conseqüències de la lleialtat esmentades anteriorment, es proposa un model amb la variable dependent Sensibilitat al preu (Y) i la variable independent Lleialtat (X_1).

La mesura d'aquesta variable contemplava diferents aspectes i utilitzàrem quatre ítems per abastar les diferents dimensions del concepte.

En el primer d'ells es demanava sobre el relació entre la variació del preu i la permanència com a client en una entitat, com ja s'havia fet en un estudi anterior (Luiza, Zacharias, Figueiredo, Affonso i Araujo, 2009). I els altres tres ítems demanaven sobre el coneixement i acceptació per part dels clients dels serveis que estaven rebent, utilitzant ítems ja testats amb anterioritat (Matzler, Würtele i Renzl, 2006).

El model teòric proposat respon a un Model Lineal de Regressió Simple.

$Y= \beta_0 + \beta_1 X_1 + \varepsilon$,

Essent Y=Sensibilitat preu i X_1 = Lleialtat.

	Mean	Std. Deviation
Sensibilitat_preu_m	3,75	,75
Lleialtat_m	3,76	,89

Taula 45. Valoració mitja.

Ambdues variables obtenen una valoració mitjana similar i superior al valor 3, el qual determina la zona de neutralitat, si bé inferior a 4, motiu pel qual aquesta es considerada com a "mitjana".

		Sensibilitat_preu_m	Lleialtat_m
Pearson Correlation	Sensibilitat_preu_m	1,00	,61
	Lleialtat_m	,61	1,00
Sig. (1-tailed)	Sensibilitat_preu_m	.	,00
	Lleialtat_m	,00	.

Taula 46. Matriu de correlacions.

Observem com la correlació entre les variables "Lleialtat" i "Sensibilitat - preu", és de 0.513 i és significativa. Si bé és cert que no és una correlació massa elevada.

Model	R	R Square	Adjusted R Square
1	,63[a]	0,46	0,45

a. Predictors: (Constant), Lleialtat_m

b. Dependent Variable: Sensibilitat_preu_m

Taula 47. Coeficient de determinació.

En aquest cas, el coeficient de determinació ajustat (R^2) és de 0,45. Aquest fet ens indica que la variabilitat de la variable dependent explicada per les variables independents és adequada sense ser elevada. Aquest fet mostra que l'ajust de la recta de regressió al núvol de punts és adequat. La variable "Sensibilitat preu" per sí sola explica força variabilitat de la variable dependent "Lleialtat". Per tant, s'observa com la variable Sensibilitat preu queda explicada per la variable Lleialtat i es pot considerar, per tant, una conseqüència d'aquesta.

Model		Sum of Squares	Mean Square	F	Sig.	
1	Regression	13,10	13,10	31,09	,00[a]	
	Residual	36,64	,42			
	Total	49,74				
a. Predictors: (Constant), Lleialtat_m						
b. Dependent Variable: Sensibilitat_preu_m						

Taula 48. Contrast ANOVA

El model és significatiu en conjunt (pv=0,00). Per tant, la variable dependent "Sensibilitat preu" es pot explicar mitjançant la variable independent "Lleialtat".

Model		Unstandardized Coefficients		Standardized Coefficients		
		B	Std. Error	Beta	t	Sig.
1	(Constant)	2,14	,29		7,16	,0
	Lleialtat_m	,43	,07	,51	5,57	,000

a. Dependent Variable: Sensibilitat_preu_m

Taula 49. Contrast de Significació individual.

Contrastos individuals

La variable lleialtat és significativa, al ser el p-value =0.000

Per tant, el model teòric resultant és:

$Y= \beta_0 + \beta_1 X_1 + \varepsilon$,

Essent Y="Sensibilitat Preu", X_1="Lleialtat"

$Y= 2,14 + 0,43X_1$

El valor estandarditzat del coeficient beta (0.51) ens indica que la variable "Lleialtat" explicaria un 50% de la variació de la variable "Sensibilitat preu".

Finalment podem considerar que donats els resultats, al contrari del que consideràvem en la nostra hipòtesi, existeix una major sensibilitat al preu com a conseqüència de la lleialtat de les empreses cap a les seves entitats financeres.

Capítol 11. Tercera part de la investigació. Procés de concessió creditícia.

Una de les principals fites d'aquest estudi és aconseguir tenir una visió més profunda del procés de concessió creditícia des de la perspectiva de les empreses clients. Com s'ha vist anteriorment, la relació de les empreses amb els seus bancs no només és molt important sinó que és molt freqüent. I té una considerable importància en l'estructura dels seus balanços.

Per la seva part, les entitats financeres molt difícilment poden obtenir les dades sobre la percepció que es té dels seus serveis, especialment dels més complexes com pot ser el moment d'estudiar i concedir (o no) una facilitat creditícia.

Una inquietud que es posa sovint de manifest entre les empreses és la poca satisfacció que tenen amb les seves entitats financeres. És un fet destacable àdhuc quan es compara amb la resta de països europeus, on aquest tipus de puntuació no és tan baix (Epsi, 2012).

Així ho podem observar en el següent gràfic,

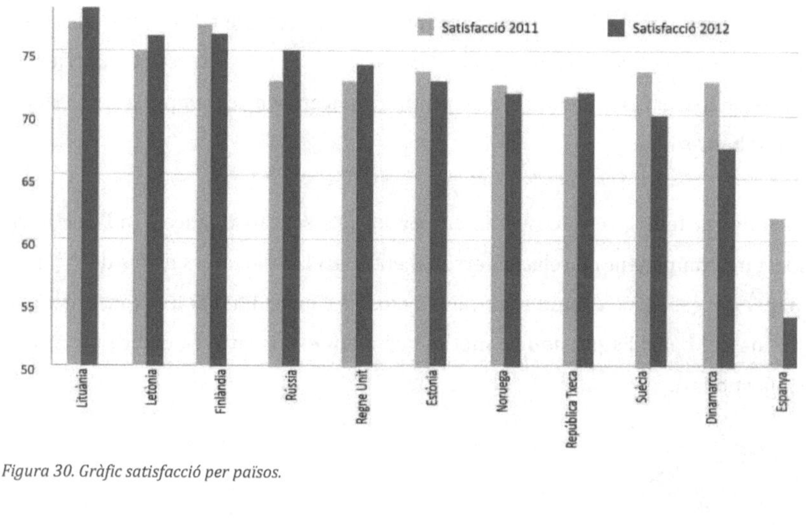

Figura 30. Gràfic satisfacció per països.

Font: (Epsi, 2012)

Tenint en compte el nombre mitjà de bancs amb els que treballa cada empresa, no era possible obtenir el coneixement sobre quina és la relació que manté amb cadascun d'ells. I per tant, el que es plantejava era que es respongués pensant en l'últim plantejament de crèdit que hagués estudiat una de les seves entitats financeres.

El present capítol té l'objectiu d'endinsar-se en aspectes concrets de la relació entre l'empresa i el seu banc. Tenint present dues limitacions en aquest tipus de plantejaments: per un costat que la confidencialitat és un argument utilitzat freqüentment per no facilitar aquest tipus d'informació i per altra part, que un excessiu nombre de qüestions podia ser contraproduent per obtenir les percepcions reals dels que responien.

En aquest sentit, es determinaren les preguntes a realitzar, basant-se en opinions expressades pels directius empresarials quan es feia referència a aquest tema.

Aquesta és la part de la present investigació que té una major implicació a nivell de gerència empresarial. Tot el qüestionari fou realitzat específicament per aquest estudi. En part les preguntes vingueren recomanades en les entrevistes realitzades conjuntament amb el pretest i posteriorment completades amb el propi coneixement de l'investigador sobre la matèria degut a la seva experiència professional vinculada sempre a la gestió financera de les empreses des de la vessant bancària.

És important tenir present, que en el mercat dels serveis financers, a l'existir un important component de relació personal entre els interlocutors de les dues parts, el paper del gestor de comptes bancari es mostra com a vital per a la consecució de la venda pel banc. És per aquest motiu, que a aquest aspecte es dedica bona part del qüestionari.

Cal tenir també en compte que el procés de concessió creditícia és una tasca laboriosa i que requereix temps. Les entitats han de recopilar informació de l'empresa per elaborar el corresponent expedient creditici, sotmetre'l al comitè que pertoqui i realitzar l'aprovació amb modificacions o no. Durant tot el procés o posteriorment cal negociar constantment per poder assolir un punt d'entesa comú.

Per tenir clar tot el procediment esmentat, s'esquematitza en la següent figura.

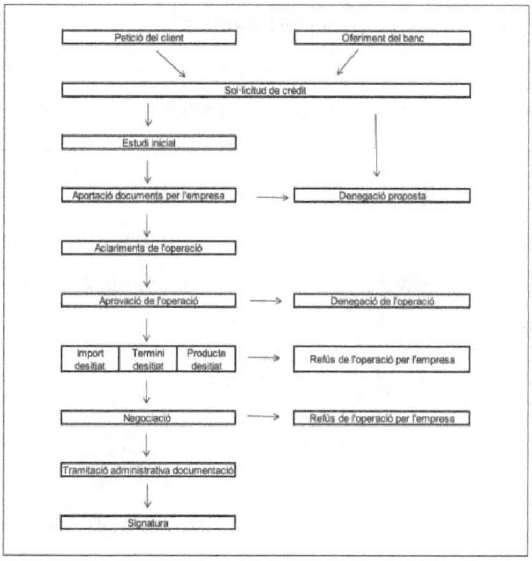

Figura 31. Esquema del procés de concessió creditícia.
Font: elaboració pròpia.

S'han de fer dues puntualitzacions prèvies per poder entendre correctament les respostes obtingudes i extreure conclusions pertinents.

Per una banda, els qüestionaris foren realitzats i omplerts durant el primer trimestre de l'any 2015. Aquesta dada té una gran importància doncs el mercat bancari obtingué una important liquiditat derivada de les facilitats creditícies posades en marxa pel banc central europeu.

És a dir, després d'uns anys en que el la concessió de crèdit als sectors econòmics anà en clara davallada (AXESOR, 2013) (Hernando & Pedroza, 2013), l'any 2015 no només els indicadors macroeconòmics milloraren sinó que específicament el crèdit bancari rebé un impuls per part de les autoritats monetàries europees.

Aquest fet té un efecte directe en les percepcions de les empreses en relació als seus bancs, i també en el moment de respondre el següents qüestionari. L'oferta de crèdit, en termes globals, s'incrementà notablement. I alhora, les majors facilitats creditícies disponibles feren que el preu disminuís en consonància per tal de fer-les encara més atractives als possibles prestataris.

En segon lloc, tenint present tot l'exposat anteriorment, es pot entendre que les entitats financeres, en la seva voluntat de poder comercialitzar els crèdits, augmentarien la seva diligència en la tramitació de les operacions. Per tal d'aconseguir vendre els seus productes posarien un major esforç tant en donar una ràpida resposta com flexibilitzar els seus criteris per poder-se adaptar als requeriments dels clients.

11.1 Termini resposta

Conèixer el temps que tarda una entitat financera en donar resposta a un plantejament creditici és important per mesurar tant la complexitat del procés com l'interès que s'hi ha posat. Un excessiu allargament de les negociacions i de la tramitació mostraria una ineficiència que acaba generant un perjudici pel sol·licitant.

El finançament és demanat amb una finalitat concreta, i necessari per atendre-la. Si la seva cerca i concessió es perllonga en el temps, es pot produir un problema per aquell que l'està esperant.

Es pot apreciar que el termini de resposta no és excessivament llarg per la gran majoria de les empreses.

També cal constatar que les entitats donen sempre una resposta a les peticions realitzades. És a dir, que hi ha una interacció entre les dues parts i l'entitat financera acaba comunicant la seva resolució (sigui positiva o negativa).

Al mantenir-se una relació constant entre empresa i banc, aquest es veu obligat donar una resposta sempre a qualsevol petició. Aquest és un fet que no es dóna sempre quan l'entitat financera no és una amb la que es treballi habitualment.

11.2 La gestió personal de la concessió creditícia

	N	Minimum	Maximum	Mean	Std. Deviation
Visita_entitat	103	1	5	2,84	1,161
Coneix_producte	104	1	5	3,98	,870
Coneix_característiques	103	1	5	3,68	,921
Adequada_informació	103	1	5	3,77	,962
Negociacio	103	1	5	3,67	1,132
Evaluació_global	103	1	5	3,68	,795
Valid N (listwise)	99				

Taula 50. Principals característiques del procés creditici.

Es valora en aquest cas si la proposta de crèdit partí arrel d'una visita per part de l'entitat financera o a sol·licitud prèvia de l'empresa. L'objectiu és mesurar apartat la proactivitat comercial per part del banc.

El que crida l'atenció és que només en un 32% dels casos es pot considerar que hi ha una proactivitat clara per part del venedor. El 25,2% es mostren d'acord amb l'enunciat mentre que el 6.8% està molt d'acord. En la resta de casos no es mostren d'acord. Per la literatura s'havia destacat que a les grans empreses els hi agradava la pro activitat per part del banc, oferint productes que poguessin beneficiar a l'empresa (Tyler & Stanley, 1999b)

En aquest cas es veu que hi ha una possibilitat clara de millora en la venda de productes financers doncs en el 68% dels casos restants, si una altra entitat financera s'hagués avançat a la petició del client (amb una gestió comercial activa) hauria guanyat avantatge, podent oferir el seu producte en primer lloc.

El gestor que em va atendre va mostrar un bon coneixement dels productes financers més adients.

		Frequency	Percent	**Valid Percent**	Cumulative Percent
Valid	Molt en desacord	2	1,3	**1,9**	1,9
	En desacord	5	3,3	**4,8**	6,7
	Ni d'acord ni en desacord	13	8,6	**12,5**	19,2
	D'acord	57	37,5	**54,8**	74,0
	Molt d'acord	27	17,8	**26,0**	100,0
	Total	104	68,4	**100,0**	
Missing	System	48	31,6		
Total		152	100,0		

Taula 51. Coneixement del producte.

Aquest és un apartat interessant en el sentit de tenir una visió sobre el grau de formació dels gestors bancaris. En la literatura acadèmica, el paper del gestor bancari ha sigut estudiat com un determinant de la lleialtat bancària o com generador de negoci. I un dels trets principals d'aquest gestor ha de ser el coneixement dels productes bancaris.

Comprovem com un 80,8% dels enquestats consideren que el gestor té un bon o molt bon coneixement dels productes financers considerats.

Aquesta és una afirmació que constata la preocupació dels bancs per atendre aquest tipus de clients amb personal suficientment ben format. Les empreses tenen unes especials necessitats financeres, més complexes que els clients particulars, i és lògic que siguin atesos per personal amb alts coneixements financers.

El gestor que em va atendre va mostrar un bon coneixement de les característiques del meu negoci.

		Frequency	Percent	**Valid Percent**	Cumulative Percent
Valid	Molt en desacord	3	2,0	**2,9**	2,9
	En desacord	8	5,3	**7,8**	10,7
	Ni d'acord ni en desacord	23	15,1	**22,3**	33,0
	D'acord	54	35,5	**52,4**	85,4
	Molt d'acord	15	9,9	**14,6**	100,0
	Total	103	67,8	**100,0**	
Missing	System	49	32,2		
Total		152	100,0		

Taula 52. Coneixement de les característiques del negoci.

Aquest apartat va lligat a l'anterior en quant pregunta sobre els coneixements del propi gestor. Però concretament es vol valorar en quina mesura es té coneixement per part del gestor de les característiques concretes del negoci dels clients.

ÉS una valoració que té sentit en la mesura que una de les queixes que s'havien plantejat per part de les empreses era el fet de ser tractades totes com iguals i no en base a les característiques particulars del seu negoci. I de que els gestors bancaris no entenien les especificitats de la seva empresa (Vegholm, 2011).

És una opinió que s'expressa amb certa assiduïtat, el fet de considerar que no hi ha grans diferències entre les entitats financeres o si més no, el consumidor no és capaç de percebre-les. Les expectatives en els serveis financers en general són bastant baixes (O'Loughlin i Szmigin, 2005).

L'opinió majoritària dels directius (67%), és que es té un bon grau de coneixement del seu negoci. Hi ha diferents causes que poden suportar aquesta realitat. Per un costat el fet que les entitats financeres han destinat un gestor específic per cada empresa. I per una altra banda, que aquest acostuma a tenir una llarga relació amb els seus clients, el que permet que n'acabi coneixent bé el seu negoci.

El volum d'informació requerida considero que va ser adequat

		Frequency	Percent	**Valid Percent**	Cumulative Percent
Valid	Molt en desacord	4	2,6	**3,9**	3,9
	En desacord	8	5,3	**7,8**	11,7
	Ni d'acord ni en desacord	14	9,2	**13,6**	25,2
	D'acord	59	38,8	**57,3**	82,5
	Molt d'acord	18	11,8	**17,5**	100,0
	Total	103	67,8	**100,0**	
Missing	System	49	32,2		
Total		152	100,0		

Taula 53. Volum d'informació.

Aquest és una altra de les queixes que s'havien recollit en relació a les entitats financeres, fent referència a l'excessiva sol·licitud de documentació demanat per part dels bancs per estudiar el client.

És cert també, com s'ha apuntat en altres estudis, que en la mesura que les empreses puguin donar més informació als bancs més fàcil serà per aquests acomodar-se a les seves necessitats (Vegholm, 2011).

Qüestió diferent serà que les empreses siguin capaces (o tinguin la voluntat) d'entregar tota la informació que els bancs consideren necessària rebre.

El 74.8% dels enquestats creuen que és adequat el volum de documentació que se'ls hi ha requerit. En part té sentit que pensin així per dos motius: s'ha arribat a una certa estandardització de la informació que es demanada i suficient per l'estudi. I en segon lloc s'ha arribat a una sistematització d el procediment d'estudi i per tant existeix menor probabilitat que es demani informació no esperada o addicional a l'empresa.

Vaig poder negociar les condicions econòmiques (interessos, comissions...)

		Frequency	Percent	**Valid Percent**	Cumulative Percent
Valid	Molt en desacord	6	3,9	**5,8**	5,8
	En desacord	12	7,9	**11,7**	17,5
	Ni d'acord ni en desacord	16	10,5	**15,5**	33,0
	D'acord	45	29,6	**43,7**	76,7
	Molt d'acord	24	15,8	**23,3**	100,0
	Total	103	67,8	**100,0**	
Missing	System	49	32,2		
Total		152	100,0		

Taula 54. Negociació.

Si bé en altres sectors i productes aquesta podria ser una qüestió evident, no ho és en el cas del sector bancari. En ocasions s'ha entès que els serveis s'ofereixen en un preu tancat i per tant no hi ha possibilitat de negociació en molts casos.

Com s'aprecia, és una percepció que si bé es podria donar en empreses més petites o individus, no és el cas en les empreses mitjanes o grans.

En el nostre estudi, en el 67% dels casos sí es considera que es varen poder negociar les condicions associades als préstecs.

Avaluació global de tot el procés

		Frequency	Percent	**Valid Percent**	Cumulative Percent
Valid	Molt en desacord	2	1,3	**1,9**	1,9
	En desacord	5	3,3	**4,9**	6,8
	Ni d'acord ni en desacord	27	17,8	**26,2**	33,0
	D'acord	59	38,8	**57,3**	90,3
	Molt d'acord	10	6,6	**9,7**	100,0
	Total	103	67,8	**100,0**	
Missing	System	49	32,2		
Total		152	100,0		

Taula 55. Avaluació global.

Com a tancament d'aquesta part del qüestionari, una majoria dels enquestats es mostren satisfets en global amb el procés creditici (un 67%).

És un percentatge significatiu. Certament no s'ha de confondre amb la satisfacció global que puguin tenir les empreses en el global de les seves relacions bancàries però val a dir que és un resultat força positiu per les entitats financeres.

11.3 Qüestions concretes al voltant de la relació creditícia

En aquest cas es plantegen variables categòriques on les úniques possibilitats de resposta són sí o no.

Multiplicitat de relacions bancàries

		Frequency	Percent	**Valid Percent**	Cumulative Percent
Valid	No	53	34,9	**53,5**	53,5
	Sí	46	30,3	**46,5**	100,0
	Total	99	65,1	**100,0**	
Missing	99	53	34,9		
Total		152	100,0		

Taula 56. Nombre d'entitats bancaries

Una dels aspectes tractats en la literatura acadèmica i al que hem dedicat un anterior apartat, és el fet de mantenir diferents proveïdors bancaris, fet que es presenta de forma molt freqüent en el cas de les empreses catalanes. Com hem vist, aquesta situació no es dóna en tots els països, existint llocs on el fet de tenir una sola entitat financera amb un lligam major.

Es preguntava a les empreses si es sentien confortables amb el nombre de bancs que tenien.

Com veiem, gairebé la meitat de les empreses voldrien tenir menys entitats financeres.

L'oferta del finançament anava vinculada a la contractació d'un altre producte financer.

		Frequency	Percent	**Valid Percent**	Cumulative Percent
Valid	No	82	53,9	**79,6**	79,6
	Sí	21	13,8	**20,4**	100,0
	Total	103	67,8	**100,0**	
Missing	99	49	32,2		
Total		152	100,0		

Taula 57. Ofertes vinculades.

La gran majoria d'empreses (79.6%) comenten que no se'ls hi va demanar contractar un altre producte financer amb la concessió del préstec. Aquest és un fet que mostra falta de pro activitat comercial per part del gestor.

Durant el procés vaig tenir possibilitat de contactar amb el decisor per comentar l'operació.

		Frequency	Percent	**Valid Percent**	Cumulative Percent
Valid	No	44	28,9	**42,7**	42,7
	Sí	59	38,8	**57,3**	100,0
	Total	103	67,8	**100,0**	
Missing	99	49	32,2		
Total		152	100,0		

Taula 58. Decisor.

Saber si existeix capacitat de negociació i interlocució és un aspecte important i vinculat amb l'estandardització que en moltes empreses es considera que tenen els empresaris sobre les entitats financeres.

Habitualment els directius empresarials consideren un factor positiu el fet de poder tenir un interlocutor amb capacitat decisòria en l'entitat financera (Vegholm, 2011).

Aquestes respostes han de tenir-se en compte segons la mesura de l'empresa. En el nostre cas estan responent empreses de mides mitjanes i grans i per tant que poden tenir un tracte més personalitzat per part dels gestors.

Capítol 12. Conclusions

La realització d'aquesta investigació ens ha permès obtenir importants conclusions tant a nivell acadèmic com gerencial. La visió dels responsables financers de mitjanes i grans empreses és un actiu difícil d'aconseguir però valuós per la rellevància de la seva qualitat (Tyler i Stanley, 1999b). Una consideració que es fa en aquest mateix estudi és que els resultats obtinguts en aquest tipus d'empreses no poden ser extrapolables directament a les empreses de mida més petita. Una idea que és aplicable en aquesta investigació.

Distingim tres blocs en les conclusions obtingudes que es corresponen amb les tres parts de la investigació realitzada.

La primera part es correspon amb els determinants de lleialtat. Aquesta tesi doctoral n'inclogué un que no havia sigut tractat fins al moment com és l'acomodació creditícia. Consideràvem important la seva rellevància en relació a les empreses per quatre motius que han sigut exposats anteriorment: per la restricció creditícia que portà la crisi econòmica, la considerable reestructuració que patí el sector bancari amb la desaparició de bona part dels seus actors; per la importància del finançament bancari en els balanços de la majoria d'empreses i també per la dificultat d'accés a mercats de valors que té en general la gran majoria del teixit empresarial.

Com també hem mostrat prèviament, les empreses havien assegurat que la restricció creditícia es trobava entre les seves principals preocupacions. I bona part d'elles afirmaven que la negociació bancària tenia un impacte directe en el seu negoci.

Donades aquestes circumstàncies, era una conclusió inicialment vàlida pensar que si una entitat financera concedia el import de crèdit sol·licitat a una empresa, aquesta s'hi consideraria més lleial doncs li hauria resolt un problema important per al funcionament del seu negoci.

És a dir, que a partir de la resolució d'un problema, o de l'ajuda per resoldre'l, es crearien uns llaços ja fossin de caràcter afectiu o de valoració professional que vincularien més l'empresa amb aquella entitat financera.

Doncs com demostra la nostra investigació, això no és així. Les empreses no es senten més lleials als seus bancs per obtenir aquest finançament. Aquesta conclusió és molt important al desmuntar una percepció que podia estar estesa entre el teixit empresarial o el sector polític.

Cal recordar, però, que la investigació està feta tenint en compte les empreses mitjanes i grans. Si bé és cert, que aquestes també requereixen tenir finançament bancari, tenen un tractament preferencial respecte a les empreses més petites. És a dir, tenint una mida major i una informació financera més ben elaborada, tenen un accés més fàcil al crèdit bancari.

Un segon aspecte a considerar és que l'estudi es portà a terme al primer trimestre de 2015. Com hem exposat, es tracta d'un moment on ja es comença a notar la millora, si més no en l'accés al finançament per les mesures preses per part de les autoritats financeres europees.

En relació al segon determinant de la lleialtat considerat, la satisfacció del client, aquesta investigació aporta la confirmació de la seva relació amb la lleialtat.

Així, si una empresa es sent satisfeta amb una entitat financera, es crearà un vincle de lleialtat amb ella, que suposarà que la tingui en bona consideració i la prefereixi a altres alternatives.

Finalment, en el tercer determinant de la lleialtat examinat, és l'efecte de la imatge de l'entitat financera en la generació de lleialtat per l'empresa. Una de les idees que es trobaren en la literatura, fou la manca de diferenciació entre la imatge que es tenia de les entitats financeres. Entre elles, i també en el tracte que aquestes dispensen cap a les empreses, a les quals tractarien a totes per igual. En el nostre cas, observem que això no és pas així i que la imatge té un efecte important en la creació de lleialtat en les empreses.

Si els clients tenen una bona imatge de la seva entitat financera, això els hi generarà un vincle de lleialtat. Hem de tenir en compte les estretes relacions que tenen entitats financeres i les seves empreses clients, i el grau de complicitat i coneixement mutu que han de compartir. La confiança entre tots dos és un requisit imprescindible perquè puguin treballar plegats doncs de forma recíproca es deixen diners i se'n demanen.

El segon bloc de la investigació està dedicat a les conseqüències que es deriven de la lleialtat de les empreses vers les seves entitats financeres.

Per una part s'examina si una empresa que es consideri lleial a una entitat financera la recomanarà activament a altres potencials consumidors. S'utilitzà un concepte ampli de recomanació que no només tenia en compte el fet de parlar-ne bé sinó també considerar si aquesta recomanació havia produït algun efecte.

Aquesta variable és interessant perquè les entitats financeres poden obtenir informació sobre la capacitat d'aportació de nous clients per part dels que ja ho són. Té importància perquè és una publicitat gratuïta i que té un impacte més gran que la publicitat en els formats tradicionals.

Es constata en la present investigació com efectivament un client lleial tendirà a recomanar positivament un proveïdor financer amb les conseqüències positives que d'això se'n deriven.

La segona conseqüència examinada és al sensibilitat al preu que pot tenir un client. És a dir, si un client lleial, pel fet de ser-ho acceptarà un preu superior per un producte semblant al de la competència. La importància d'aquesta variable radica en l'impacte directe que té en el compte de resultats del venedor que així sigui.

En la present investigació es demostra que no és així i per tant un client lleial no tindrà menor sensibilitat al preu que si apliqui pel producte financer. Com hem vist anteriorment, iniciar relacions amb un nou banc no és senzill ni ràpid i per tant, encara que existeixi una bona relació i vincles emocionals amb un proveïdor pot portar a que se li demani a ell un preu superior per un mateix servei. D'alguna manera, el client s'estaria fent valer. Havent demostrat que és complidor amb les seves obligacions i responsable amb els compromisos assumits, li demana una contraprestació a la seva entitat bancària. Que si fa aquest mateix raonament acaba concloent que el client ja conegut i amb el que ja té experiència presenta menys risc i per tant se li pot baixar el preu.

Finalment, el tercer bloc de la investigació estava destinat a esbrinar la percepció que tenen les empreses del procés de concessió creditícia per part dels seus bancs.

Es formulà aquesta bloc de qüestions per poder esbrinar d'una forma més concisa, la percepció que tenien aquells directius empresarials que tracten normalment amb les entitats financeres, d'un procés tan important per la seva feina com la concessió d'un crèdit. I especialment era interessant per poder validar si algun dels comentaris realitzats per ells es podien considerar comuns a tot el col·lectiu de directors financers i tresorers.

Es feu una subdivisió en tres apartats sobre els que es preguntà als enquestats. En quant al procediment de concessió, es constatà que la seva percepció és positiva; es considera àgil i no excessivament complicat en quant a la documentació que s'ha d'aportar. En aquest sentit, es nota la inversió feta per les entitats de crèdit per poder sistematitzar tot el procediment i fer-lo més senzill en els passos de la seva tramitació.

En segon lloc, es considera que els gestors bancaris tenen un grau de coneixement molt elevat i adient per exercir les seves funcions. És un fet que té sentit en la mesura que les entitats financeres han fet una aposta decidida per la formació del seu personal i especialment en els clients que tenen una operativa més complexa i per als que es requereix un grau elevat d'especialització.

Finalment s'examina la vessant comercial del personal bancari i en aquest cas sí es troben àrees de millora. Les operacions es proposen normalment a proposta del client, el que mostra una falta d'activitat comercial activa per part dels venedors. I per altra banda també es troba que en el moment que es desenvolupa tot el procediment els venedors no aprofiten per realitzar una venda creuada de productes, que seria més fàcil d'aconseguir que en un altre moment en que no hi hagi tanta interacció entre les parts.

Capítol 13. Limitacions i futures línies de recerca.

13.1 Limitacions de l'estudi

La primera limitació d'aquesta investigació és la pròpia evolució del sector financer durant els últims anys, que ha condicionat la seva relació amb les empreses. Com hem indicat anteriorment, el període en el que s'ha desenvolupat la crisi financera (2008-2014) ha tingut un considerable impacte en el sistema financer espanyol que s'ha materialitzat en una transformació absoluta del mateix. La desaparició de bona part de les caixes d'estalvi, així com una important restricció creditícia afectaren sens dubte la percepció que les empreses tenien de la seva relació amb les seves entitats financeres. Aquest fet té una importància considerable en aquesta investigació doncs precisament el seu fonament són les relacions dels responsables financers amb els seus bancs.

El plantejament d'aquesta investigació, per motius metodològics, s'ha de fer demanant les impressions tan sols sobre l'entitat que es considera com la principal de l'empresa. Aquesta situació planteja dues limitacions per l'estudi. Per una part, el responent ha de fer una interpretació de quina considera la seva entitat més important, pel qual pot triar entre diferents criteris. I per una altra part, donat que les empreses treballen amb un nombre elevat de bancs i caixes, només es consideren les variables sobre una d'elles, deixant d'avaluar les relacions que puguin tenir amb totes les altres.

A tots dos aspectes, cal afegir que es tracta d'una valoració subjectiva, que segurament portarà a qui respongui a valorar la última experiència, que és la que té més propera, sense tenir present la relació en tota la seva complexitat.

Una limitació evident és la quantitat de respostes obtingudes. Degut a la dificultat d'obtenir-ne, una mostra més àmplia ajudaria a aconseguir millor comprensió de tots els aspectes tractats i es podrien obtenir major nombre de conclusions. Així, es podrien esbrinar si existeixen canvis en els paràmetres segons el sector o la mida de l'empresa. També podríem obtenir major coneixement de la percepció que tenen les empreses de cadascuna de les principals entitats financeres del país.

Per últim, una altra limitació pròpia d'aquest estudi és l'ús del qüestionari com escala de mesura. Si bé considerem que és l'eina més útil per poder extreure conclusions en un tipus d'investigació com aquest, és també ben cert que no permet esbrinar en quin grau i amb quins matisos s'han respost les qüestions plantejades. Al plantejar conceptes que no són perfectament delimitats i sempre a expenses de la interpretació de cada responent, una entrevista en profunditat aportaria percepcions que en aquest cas no han pogut ser recollides.

13.2 Contribucions fetes a la recerca en aquest àmbit

El crèdit bancari i la relació amb les empreses ha sigut tractat en la literatura acadèmica normalment des d'un punt de vista financer. En aquest sentit s'han desenvolupat diferents teories quantitatives per esbrinar el nombre ideal de bancs amb els que treballar, l'estructura financera apropiada per cada empresa o els costos apropiats que ha de tenir el finançament extern, entre d'altres plantejaments.

Però fins ara no s'havia analitzat la concessió creditícia des d'un punt de vista de màrqueting. Tenint en compte que les relacions entre empreses i entitats financeres són àmplies (en el sentit de tenir diferents productes que les relacionen), així com profundes (per la importància que en general aquests fons prestats tenen en els balanços de les empreses), el component relacional és molt important.

I en aquest sentit és en el que es planteja la present investigació. Partint de la importància que té la lleialtat dels clients per a les empreses, s'investiguen dos dels determinants considerats tradicionalment importants (la satisfacció del consumidor i la imatge) i se li afegeix un de nou i específicament desenvolupat en aquest estudi, l'acomodació creditícia.

Aquesta variable és una de les contribucions més importants realitzades al cos de la literatura acadèmica per la present tesi. Es desenvolupa aquest concepte en relació als vincles comercials dels bancs amb les seves empreses clients. I en aquest sentit també es desenvolupa una escala de mesura de la variable, que partint dels propis coneixements desenvolupats així com de les aportacions de les persones participants en el pretest es considera suficientment fiable.

Per la part de les conseqüències de la lleialtat, es pretén abastar les dues dimensions d'aquesta: l'actitudinal i la de comportament. Per sentit metodològic, es vol sintetitzar en dues variables. En la primera s'usa una mesura de la que ha sigut destacada la seva importància, com és la recomanació positiva d'un proveïdor financer. I per la part del comportament, s'estudia la variable no menys important de la sensibilitat al preu.

Una altra contribució a la recerca és la creació d'un marc conceptual referent al procés de concessió creditícia. La investigació aporta la visió que en tenen els responsables financers sobre aquest procés, poc tractat acadèmicament. Les dades obtingudes aporten claredat sobre la percepció que tenen les empreses de les seves relacions amb les entitats financeres. Es desenvolupa així mateix un esquema d'aquest procés, que el clarifica i fa més intel·ligible per qualsevol interessat en la matèria.

13.3 Futures àrees de recerca

Un apartat no tingut en compte aquí, però que sens dubte tindrà una gran importància en el futur, és l'impacte de les noves tecnologies en l'objecte d'aquesta investigació. En dos sentits: per un costat la pròpia operativa bancària, que s'espera que es desvinculi encara més del procés manual dels empleats de les entitats; i per altra part, la possible entrada de nous competidors, avui en dia encara per definir, però que entre d'altres poden ser les grans empreses tecnològiques, desenvolupant sistemes de pagament entre els seus clients.

Actualment, les operadores telefòniques o Apple ja han mostrat les seves intencions. L'impacte que poden tenir en el sistema financer és avui encara desconegut però és indubtable que al seu voltant s'obre una important àrea de recerca.

Una extensió d'aquesta tesi que seria interessant desenvolupar seria l'impacte econòmic, en compte de resultats, que té la recomanació positiva d'un proveïdor financer. En una primera fase es centraria en la quantitat de clients que es poden aconseguir per aquesta via, i en una segona part, es podria investigar quina és la importància econòmica que adquireixen aquests en les entitats financeres.

Com s'ha vist en el present treball, l'àmbit geogràfic condiciona aquest tipus de relacions empresarials. En el nostre cas, ens centrem en Catalunya. Una transposició d'aquesta investigació a altres estats seria interessant, especialment a aquells on les empreses tenen pocs proveïdors financers o amb una relació de molta major proximitat.

L'acomodació creditícia en el nostre cas s'estudia en les empreses que ja són clients. Seria interessant i caldria veure la incidència que té aquesta cop a fórmula de captació de nous clients per les entitats financeres.

Per últim, no podem evitar mencionar que la població d'aquest estudi són les mitjanes i grans empreses. Els resultats i conclusions obtinguts no poden ser aplicats a les petites empreses, les quals tenen un tipus de relació diferent amb les seves entitats. En aquest sentit i tenint en compte la seva importància en el teixit empresari català, la seva inclusió en un futur estudi amb les mateixes variables seria molt interessant.

Annexes

Annex 1. Estadística descriptiva. Desglossament per variables

Descriptive Statistics

	N	Minimum	Maximum	Mean	Std. Deviation	Variance	Skewness		Kurtosis	
	Statistic	Statistic	Statistic	Statistic	Statistic	Statistic	Statistic	Std. Error	Statistic	Std. Error
Acomodació_m	110	1,00	5,00	2,0848	1,07177	1,149	1,030	,230	,286	,457
Satisfacció_m	103	1,00	5,00	2,4544	,80547	,649	,836	,238	,900	,472
Lleialtat_m	101	1,00	5,00	2,2921	,89935	,809	,686	,240	,437	,476
Imatge_m	107	1,00	5,00	2,3528	,80531	,649	,455	,234	,214	,463
Sensibilitat_preu_m	97	1,00	5,00	2,2887	,78672	,619	,971	,245	1,078	,485
Valid N (listwise)	91									

Taula 59. Annex. Descriptive Statistics.

		Acomodació1	Acomodació2	Acomodació3
N	Valid	110	111	111
	Missing	42	41	41
Mean		4,05	3,90	3,80
Median		4,50	4,00	4,00
Mode		5	4	4

Taula 60. Annex. Statistics.

	N	Mean		Std. Deviation	Variance
	Statistic	Statistic	Std. Error	Statistic	Statistic
Acomodació_m	110	3,9152	,10219	1,07177	1,149
Valid N (listwise)	110				

Taula 61. Annex. Mitjana.

		Satisfacció1	Satisfacció2	Satisfacció3	Satisfacció4	Satisfacció5
N	Valid	105	105	110	110	111
	Missing	47	47	42	42	41
Mean		3,49	3,48	3,75	3,60	3,45
Median		4,00	4,00	4,00	4,00	4,00
Mode		4	4	4	4	4

Taula 62. Annex. Satisfacció del client.

	N	Mean		Std. Deviation	Variance
	Statistic	Statistic	Std. Error	Statistic	Statistic
Satisfacció_m	103	3,5456	,07937	,80547	,649
Valid N (listwise)	103				

Taula 63. Annex. Satisfacció del client mitjana.

		Lleialtat1	Lleialtat2	Lleialtat3	Lleialtat4
N	Valid	103	108	108	109
	Missing	49	44	44	43
Mean		3,53	4,03	3,48	3,76
Median		4,00	4,00	4,00	4,00
Mode		4	4	4	4

Taula 64. Annex. Lleialtat.

	N	Mean		Std. Deviation	Variance
	Statistic	Statistic	Std. Error	Statistic	Statistic
Lleialtat_m	101	3,7079	,08949	,89935	,809
Valid N (listwise)	101				

Taula 65. Annex. Lleialtat mitjana.

		Sensibilitat_preu1	Sensibilitat_preu2	Sensibilitat_preu3	Sensibilitat_preu4
N	Valid	101	105	107	105
	Missing	51	47	45	47
Mean		3,70	3,39	3,84	3,88
Median		4,00	3,00	4,00	4,00
Mode		4	3	4	4

Taula 66. Annex. Sensibilitat preu.

	N	Mean		Std. Deviation	Variance
	Statistic	Statistic	Std. Error	Statistic	Statistic
Sensibilitat_preu_m	97	3,7113	,07988	,78672	,619
Valid N (listwise)	97				

Taula 67. Annex. Sensibilitat preu mitjana.

		Boca_orella1	Boca_orella2	Boca_orella3	Boca_orella4
N	Valid	108	108	107	106
	Missing	44	44	45	46
Mean		3,53	3,26	3,40	2,96
Median		4,00	3,00	4,00	3,00
Mode		4	3	4	2[a]

Taula 68. Annex. Boca - Orella.

	N	Mean	Std. Deviation	Variance
Boca_orella_m	105	3,3000	,90896	,826
Valid N (listwise)	105			

Taula 69. Annex. Boca - Orella mitjana.

Annex 2. Matriu de correlacions entre les variables

Correlations		Acomodacio_m	Satisfaccio_m	Lleialtat_m	Imatge_m	Sensibilitat preu_m	Boca_ orella_m
Acomodacio_m	Pearson Correlation	1	,603**	,451**	,557**	,622**	,331**
	Sig. (2-tailed)		,000	,000	,000	,000	,001
	N	110	102	100	106	96	104
Satisfaccio_m	Pearson Correlation	,603**	1	,805**	,748**	,621**	,486**
	Sig. (2-tailed)	,000		,000	,000	,000	,000
	N	102	103	99	99	95	98
Lleialtat_m	Pearson Correlation	,451**	,805**	1	,803**	,537**	,517**
	Sig. (2-tailed)	,000	,000		,000	,000	,000
	N	100	99	101	99	95	97
Imatge_m	Pearson Correlation	,557**	,748**	,803**	1	,506**	,592**
	Sig. (2-tailed)	,000	,000	,000		,000	,000
	N	106	99	99	107	96	103
Sensibilitat_preu_m	Pearson Correlation	,622**	,621**	,537**	,506**	1	,429**
	Sig. (2-tailed)	,000	,000	,000	,000		,000
	N	96	95	95	96	97	94
Boca_orella_m	Pearson Correlation	,331**	,486**	,517**	,592**	,429**	1
	Sig. (2-tailed)	,001	,000	,000	,000	,000	
	N	104	98	97	103	94	105

Annex 3. Detall del qüestionari utilitzat

	Acomodació al risc	Alpha de Cronbach
Elaboració pròpia per aquesta investigació	El meu banc m'ofereix el producte que necessito o si més no un que s'adequa a les meves necessitats	0,95
	El meu banc m'ofereix en el crèdit l'import que he demanat	0,948
	El meu banc m'ofereix el termini de l'operació que considero adequat	0,948

	Satisfacció del client	Alpha de Cronbach
(Eakuru, Kamariah&Mat,2008)	En general estic satisfet amb el banc	0,947
	Estic molt satisfet amb els serveis proveïts pel banc	0,948
(Hansen, Samuelsen&Sallis,2103)	El meu banc està prop el que jo consideraria un banc ideal	0,946
	El meu banc sempre compleix les meves expectatives	0,947
(Jamal&Anastasiadou,2009)	Estic compromès amb aquest banc	0,948

	Lleialtat	Alpha de Cronbach
(Oliveira Da Silva Fragata&Muñoz Gallego, 2010)	Probablement seguiré treballant amb aquest banc en el futur	0,948
(Jamal&Anastasiadou,2009)	Estic compromès amb aquest banc	0,947
(Hansen, Samuelsen&Sallis,2103)	Honestament em sento lleial a aquest banc	0,947
	M'agradaria seguir sent client d'aquest banc	0,947

	Imatge	Alpha de Cronbach
(Hansen, Samuelsen&Sallis,2103)	El meu banc té una imatge molt positiva comparada amb els altres bancs	0,948
	El meu banc té una imatge positiva entre els seus clients	0,948
(Stubbs&Cocklin,2007)	Considero honest el meu banc	0,947
	El meu banc m'inspira confiança	0,946

	Sensibilitat al preu	Alpha de Cronbach
(Luiza, Zacharias, Figueiredo, Affonso&Araujo, 2009)	Si em pogués estalviar un 10% usant un altre banc canviaria el meu banc principal per un altre	0,948
(Matzler,Würtele&Renzl, 2006)	Estic correctament informat sobre els preus dels serveis	0,959
	Tinc la sensació de saber per què estic pagant	0,947
	El preu que pago depèn de quant faig servir els serveis	0,947

	Boca Orella	Alpha de Cronbach
(Lam, Erramilli&Shankar, 2004)	He comentat aspectes positius del meu banc a altres col·legues de professió	0,947
	He recomanat el meu banc a altres col·legues de professió que han seguit el meu consell	0,948
Elaboració pròpia per aquesta investigació	En alguna ocasió he començat a treballar amb una entitat financera, principalment, per la recomanació positiva d'un col·lega	0,949
	He rebut recomanacions positives d'altres bancs per part de col·legues meus de professió	0,954

Annex 4. Confiança en el sistema financer segons els estats.

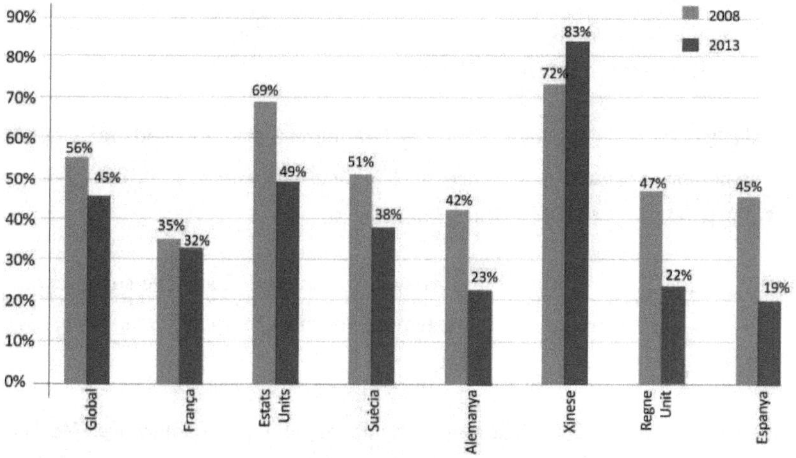

Bibliografia

Act, S. B., Gagliardi, D., et. alt. (2014). *A Partial and Fragile Recovery Final Report - SME Performance Review 2013 / 2014*.

Ahtiala, P. (2005). The New Theory of Commercial Banking and Bank Lending Behavior. *Scottish Journal of Political Economy*, *52*(5), 769–792. doi:10.1111/j.1467-9485.2005.00366.x

Aksoy, L. (2013). How do you measure what you can't define?: The current state of loyalty measurement and management. *Journal of Service Management*, *24*(4), 356–381.

Anderson, E. W. (1996). Customer satisfaction and price tolerance. *Marketing Letters*, *7*(3), 265–274.

Anderson, E. W. (1998). Customer satisfaction and word of mouth. *Journal of Service Research*.

Andreassen, T. W., i Lindestad, B. (1998). Customer loyalty and complex services: The impact of corporate image on quality, customer satisfaction and loyalty for customers with varying degrees of service expertise. *International Journal of Service Industry Management*, *9*(1), 7–23.

Askariazad, M. H., i Babakhani, N. (2015). An application of European Customer Satisfaction Index (ECSI) in business to business (B2B) context. *Journal of Business & Industrial Marketing*, *30*(1), 17–31.

Axesor, G. de estudios económicos. (2013). *A creditless recovery. Alternativas de financiación para la empresa española*. Madrid: Gabinete de estudios económicos.

Ayuso, J. (2013). Un análisis de la situación del crédito en España. *Boletín Económico Del Banco de España*, (Octubre), 81–100.

Bank, E. C. (2014). The Euro Area Bank Survey. *European Central Bank.* Alemania: European Central Bank.

Bansal, H. S., i Voyer, P. a. (2000). Word-of-Mouth Processes within a Services Purchase Decision Context. *Journal of Service Research*, *3*(2), 166–177.

Bass, F. M. (1974). The Theory of Stochastic Preference and Brand Switching. *Journal of Marketing Research*, *XI*(February), 1–20.

Fernández de Lis, S., Rubio, A.(2013). Tendencias a medio plazo en la banca española. *BBVA Research.* 13. Madrid: BBVA Research.BBVA Research. (2015). Situación Banca (No. Febrero 2015). *BBVA Research.* Madrid

Bell, S. J., i Eisingerich, A. B. (2007). The paradox of customer education: Customer expertise and loyalty in the financial services industry. *European Journal of Marketing*, *41*(5/6), 466–486.

Bennett, R., i Bove, L. (2002). Identifying the Key Issues for Measuring Loyalty. *Australasian Journal of Market Research*, *9*(2), 27–44.

Beradović, M. (2006). Customer loyalty and satisfaction. editorial i lloc

Bloemer, J., Ruyter, K. De, i Wetzels, M. (1999). Linking perceived service quality and service loyalty : a multi-dimensional perspective. *European Journal of Marketing*. 33, (1082-1106).

Boot, A. W. a. (2000). Relationship Banking: What Do We Know? *Journal of Financial Intermediation*, *9*(1), 7–25.

Boulding. (1956). *The image: Knowledge in life and society.* (T. university of M. Press, Ed.).

Boulding, W., Kalra, A., et. alt (1993). A Dynamic Process Model of Service Quality: From Expectations to Behavioral Intentions. *Journal of Marketing Research*, *30*(1), 7.

Bravo, R., Montaner, T., i Pina, J. M. (2009). The role of bank image for customers versus non-customers. *International Journal of Bank Marketing, 27*(4), 315–334.

Bravo, R., Montaner, T., i Pina, J. M. (2012). Corporate brand image of financial institutions: a consumer approach. *Journal of Product & Brand Management, 21*(4), 232–245.

Chiao, Y.-C., Chiu, Y.-K., i Guan, J.-L. (2008). Does the length of a customer-provider relationship really matter? *The Service Industries Journal, 28*(5), 649–667.

Comercio, C. de. (2011). *Encuesta sobre el acceso de las pymes a la financiación ajena*. Madrid: Cámaras consejo superior.

Costanzo, C. (1995). Getting serious about customer profitability. *US Banker*, (May), 79–80.

Cronbach, L. J. (2004). My Current Thoughts on Coefficient Alpha and Successor Procedures. *Educational and Psycohological Measurament, 1522*(310), 391–418.

Cunningham, R. (1956). Brand loyalty-what, where, how much? *Harvard Business Review, 34*(1), 116–128.

Currás Pérez, R. (2010). Identidad e imagen corporativas : revisión conceptual e interrelación. *Teoría Y Praxis, 7*, 9–34.

Dahlstrom, R., Nygaard, A., et. alt. (2014). How to recover trust in the banking industry? A game theory approach to empirical analyses of bank and corporate customer relationships. *International Journal of Bank Marketing, 32*(4), 268–278.

Dawes, J. (2009). The Effect of Service Price Increases on Customer Retention . *Journal of Service Research , 11* (3), 232–245.

Day, G. S. (1969). A Two-Dimensional Concept Of Brand Loyalty. *Journal of Advertising Research*, *9*(3), 29–35.

Degryse, H., i Van Cayseele, P. (2000). Relationship Lending within a Bank-Based System: Evidence from European Small Business Data. *Journal of Financial Intermediation*, *9*(1), 90–109.

Dibb, S., i Meadows, M. (2001). The Application of a Relationship Marketing Perspective in Retail Banking. *The Service Industries Journal*, *21*(1), 169–194.

Dichter, E. (1966). How Word of Mouth Advertising works. *Harvard Business Review*, (5), 147–166.

Dichter, E. (1985). What ' s In An Image. *Journal of Consumer Marketing*, *2*(1), 75–81.

EADA-CEPYME. (2015). *VI diagnóstico financiero de la empresa española*. Madrid: CEPYME

Eid, R. (2013). *Managing Customer Trust, Satisfaction, and Loyalty through Information Communication Technologies*. (B. S. Reference, Ed.). Business Science Reference.

Eisingerich, a. B., Auh, S., i Merlo, O. (2013). Acta Non Verba? The Role of Customer Participation and Word of Mouth in the Relationship Between Service Firms' Customer Satisfaction and Sales Performance. *Journal of Service Research*, *17*(1), 40–53.

Ekinci, Y., Uray, N., i Ülengin, F. (2014). A customer lifetime value model for the banking industry: a guide to marketing actions. *European Journal of Marketing*, *48*(3), 761–784.

Elsas, R. (2005). Empirical determinants of relationship lending. *Journal of Financial Intermediation*, *14*(1), 32–57.

Epsi. (Octubre 2012). Estudio de satisfacción del cliente particular en el sector bancario 2012. *EPSI Rating Spain.* España, B. De. (2015). Boletín Económico. Febrero 2015. *Banco de España. Eurosistema. Madrid.* Fandos, J. C., Sánchez, J., Moliner, M. Á., i Estrada, M. (2011). innovar La lealtad del consumidor en el sector financiero. *Revista Innovar, 21*(39), 39–52.

Fernández, R. (2014). Crisis en las entidades de crédito españolas : Un estudio mediante análisis discriminante. *Estudios de Economía Aplicada, 32*(2), 617–644.

Fitzgibbon, C., i White, L. (2005). The role of attitudinal loyalty in the development of customer relationship management strategy within service firms. *Journal of Financial Services Marketing, 9*(3), 214–230.

Florin Constantin Dobocan. (2014). Religious marketing - A means of satisfying parishioners' needs and determining their loyalty. *Journal for the Study of Religions and Ideologies, 4*(40), 112–130.

Forneil, C. (1992). A National Customer Satisfaction Barometer : The Swedish Experience. *Journal of Marketing, 56*(January), 6–21.

Foroudi, P., Melewar, T. C., i Gupta, S. (2014). Linking corporate logo, corporate image, and reputation: An examination of consumer perceptions in the financial setting. *Journal of Business Research, 67*(11), 2269–2281.

Ganesh, J., Arnold, M. J., i Reynolds, K. E. (2000). Understanding the Customer Base of Service Providers : An Examination of the Differences Between. *Journal of Marketing, 64*(July), 65–87.

Giese, J. L., i Cote, J. A. (2002). Defining Consumer Satisfaction. *Academy of Marketing Science Review, 2000*(1).

Giese, J. L., i Cote, J. a. (2009). Defining Consumer Satisfaction. *Academy of Marketing Science Review, 1*(3), 272–8.

González Nieto, J., i Giralt, A. (2011). Financiación de la pyme en el mercado financiero español. La experiencia y proyección del MAB. *Pequeña y mediana empresa: impacto y retos de la crisis en su financiación.* (235-258).

Gopalan, R., Udell, G. F., i Yerramilli, V. (2007). Why do firms switch banks? *Association Meetings.* 29, (1-47).

Griffin, J. (2002). *Customer Loyalty: How to Earn It, How to Keep It.* Wiley. Retrieved from http://books.google.ad/books?id=mB5xQgAACAAJ

Grup, I. (2014). Observatorio Mercado Alternativo Bursátil, (Primer semestre)lloc.

Guaita, J. . (2015). *El acceso a la financiación de las pymes en España: el caso del mercado alternativo bursatil para empresas de expansión (MAB-EE).* Madrid

Gupta, S., i Zeithami, V. (2006). Customer Metrics and Their Impact on Financial Performance. *Marketing Science, 25*(6), 718–739.

Hansen, H., Samuelsen, B. M., i Sallis, J. E. (2013). The moderating effects of need for cognition on drivers of customer loyalty. *European Journal of Marketing, 47*(8), 1157–1176.

Harrison, T. (2003). Why trust is important in customer relationships and how to achieve it. *Journal of Financial Services Marketing, 7*(3), 206–209.

Hart, A. E., i Rosenberger, P. J. (2004). The Effect of Corporate Image in the Formation of Customer Loyalty: An Australian Replication. *Australasian Marketing Journal (AMJ), 12*(3), 88–96.

Hayes, P. K.. (2004). *El Marketing de Servicios Profesionales.* Editorial Paidós.

Hernando, I. (2015). Ajuste y perspectivas de crecimiento de las economías desarrolladas: el impacto de la crisis financiera. *Boletín económico.* Enero 2015. Madrid: Banco de España.

Hernando, J., i Pedroza, S. (2013). MARF : Oportunidad para PYMES y perspectiva para inversores. *MARF*. 1013.

Howcroft, J. B. (1991). Customer Satisfaction in Retail Banking. *The Service Industries Journal*, *11*(1), 11–17.

Inmark, F. (2011). Sector Financiero en España 2011 Comportamiento Financiero de las PYMES. Madrid: Grupo Inmark.

Iturralde, T., Maseda, A., i San-Jose, L. (2010). Empirical evidence of banking relationships for Spanish SMEs. *International Small Business Journal*, *28*(3), 274–295.

Jain, A. K., i Pinson, C. (1987). Customer Loyalty as a Construct in the Marketing of Banking Services *. *International Journal of Bank Marketing*, *5*(3), 49–72.

Javalgi, R. R. G., i Moberg, C. R. (1997). Service loyalty : implications for service providers. *The Journal of Services Marketing*, *11*(3), 165–179.

Johnson, M. D., Gustafsson, A., Andreassen, T. W., Lervik, L., i Cha, J. (2001). The Evolution and Future of National Customer Satisfaction Index Models. *Journal of Economic Psycology*, *22*(2), 217–245.

Jones, H., i Farquhar, J. D. (2003). Contact management and customer loyalty. *Journal of Financial Services Marketing*, *8*(1), 71–78.

Joseph N. Fry, David C. Shaw, C. H. von L. and C. R. D. (1973). Customer Loyalty to Banks: A Longitudinal Study. *The Journal of Business*, *46*(4), 517–525.

Keiningham, T. L., Perkins-Munn, T., i Evans, H. (2003). The Impact of Customer Satisfaction on Share-of-Wallet in a Business-to-Business Environment. *Journal of Service Research*, *6*(1), 37–50.

Keller, K. L. (1993). Conceptualizing, Measuring and Managing Customer-Based Brand Equity. *Journal of Marketing*, *57*(January), 1–22.

Keng et altri. (2010). The Impact of Service Quality on Customer Loyalty : A Study of Banks in Penang, Malaysia. *International Journal of Marketing Studies, 2*(2), 57–66.

Kim, H.-Y., i Lee, M.-Y. (2010). Emotional loyalty and share of wallet: A contingency approach. *Journal of Retailing and Consumer Services, 17*(5), 333–339.

Klaus, P., i Maklan, S. (2013). Towards a better measure of customer experience. *International Journal of Market Research, 55*(2), 227.

Kotler, P. (2003). *Marketing Insights from A to Z*. John Wiley&Sons, Inc.

Kotler, Philip, i Levy, Sidney J. (1969). Broadening the Concept of Marketing. *Journal of Marketing, 33*(1), 10–15. Retrieved from http://www.jstor.org/stable/1248740

Koubaa, Y., Tabbane, R. S., i Jallouli, R. C. (2014). On the use of structural equation modeling in marketing image research. *Asia Pacific Journal of Marketing and Logistics, 26*(2), 315–338.

Kumar, V., i Reinartz. (2002). The mismanagament of Customer Loyalty. *Harvard Business Review, 80*(7), 86–94.

L.Groeger, F. B. (2012). Word-of-mouth marketing towards an improved understanding of multi-generational campaign reach. *European Journal of Marketing, 48*(7/8), 1–39.

Lam, R., i Burton, S. (2005). Bank selection and share of wallet among SMEs : Apparent differences between Hong Kong and Australia. *Journal of Financial Services Marketing, 9*(3), 204–214.

Lam, R., i Burton, S. (2006). SME banking loyalty (and disloyalty): a qualitative study in Hong Kong. *International Journal of Bank Marketing, 24*(1), 37–52.

Lam, R., Burton, S., i Lo, H.-P. (2009). Customer tradeoffs between key determinants of SME banking loyalty. *International Journal of Bank Marketing, 27*(6), 428–445.

Lam, Regan and Burton, S. (2003). Banking loyalty by SME customers: A qualitative study of the Hong kong market. *ANZMAC 2003 Conference Proceedings Adelaide 1-3 December 2003*, 970–978.

Leverin, A., i Liljander, V. (n.d.). Does relationship marketing improve customer relationship satisfaction and loyalty? *European Journal of Marketing*, 1–36.

Levy, S. (2014). Does usage level of online services matter to customers' bank loyalty? *Journal of Services Marketing, 28*(4), 292–299.

Lewis, B. R., i Soureli, M. (2006). The antecedents of consumer loyalty in retail banking. *Journal of Consumer Behaviour, 5*(1), 15–31.

Lin, L.-Y., i Lu, C.-Y. (2010). The influence of corporate image, relationship marketing, and trust on purchase intention: the moderating effects of word-of-mouth. *Tourism Review, 65*(3), 16–34.

Liu, T.-C., i Wu, L.-W. (2007). Customer retention and cross-buying in the banking industry: An integration of service attributes, satisfaction and trust. *Journal of Financial Services Marketing, 12*(2), 132–145.

Lozano, L. M., García-Cueto, E., i Muñiz, J. (2008). Effect of the Number of Response Categories on the Reliability and Validity of Rating Scales. *Methodology: European Journal of Research Methods for the Behavioral and Social Sciences, 4*(2), 73–79.

Luiza, M., Zacharias, B., et. alt. (2009). The Influence of Banking Service Customers' Satisfaction Level on the Perception of Switching Costs and on Behavioural Loyalty. *Production and Operations Management, 2*(1), 1–13.

Lutz, R. J. (1975). Changing Brand Attitudes Through Modification of Cognitive Structure. *Journal of Consumer Research, 1*(4), 49.

Lymperopoulos, C., i Chaniotakis, I. E. (2008). Price satisfaction and personnel efficiency as antecedents of overall satisfaction from consumer credit products and positive word of mouth. *Journal of Financial Services Marketing, 13*(1), 63–71.

Malo de Molina, J. . (2015). *El papel del sector inmobiliario en la recuperación de la economía española*. Madrid: Fundación de Estudios Inmobiliarios.

María, A., Grijalvo, et. alt. (2012). El papel de la reputación. el boca-oreja. la confianza y la incertidumbre en la contratación de un banco. *Investigaciones Europeas de Dirección Y Economía de La Empresa*, (18), 190–199.

Marinković, V., i Senić, V. (2012). Loyalty patterns in corporate banking: insights gained from analysing willingness to recommend and share of wallet concepts. *Total Quality Management & Business Excellence, 23*(12), 1–14.

Martínez, A. J. Z. (2014). Alternativas de financiación para las empresas vía mercado. *Financiación Empresarial ICE, 879*(Julio-Agosto), 87–99.

Menéndez; Murilo. (2015). Evolución reciente del acceso de las pymes españolas a la financiación externa según la Encuesta semestral del BCE. *Boletín Económico del Banco de España* (Vol. Febrero).

Mittal, V., i Kamakura, W. A. (2001). Satisfaction , Repurchase Intent , and Repurchase Behavior : Investigating the Moderating Effect of Customer Characteristics. *Journal of Marketing Research, XXXVIII*(February), 131–142.

Modigliani, F., i Miller, M. H. (1958). The Cost of Capital, Corporation Finance and the Theory of Investment. *The American Economic Review, 48*(3), 261–297 CR - Copyright © 1958 American Econo.

Montalvo, G. (2014). Crisis financiera , reacción regulatoria y el futuro de la banca en España. *Estudios de Economía Aplicada, 32*(2), 497–528.

Moriarty, Rowland T., The Management of Corporate Banking Relationships , Sloan Management Review, 24:3 (1983:Spring) p.3. (1983). *Management, 3.*

Neuberger, D., Räthke, S., i Schacht, C. (2006). The Number of Bank Relationships of SMEs: A Disaggregated Analysis of Changes in the Swiss Loan Market. *Economic Notes, 35*(3), 319–353.

Ng, V., Ng, I. (2003). Customer Loyalty on Recurring Loans, *IDEAL 2003. 2690 (*653–660). Sringer-Verlag Berlin Heidelberg.

Nunnally, J. C. (1978). *Psychometric theory* (2nd ed.). New York: McGraw-Hill.

O'Loughlin, D., Szmigin, I. (2005). Customer perspectives on the role and importance of branding in Irish retail financial services. *International Journal of Bank Marketing, 23*(1), 8–27.

O'Loughlin, D., Szmigin, I., i Turnbull, P. (2004). From relationships to experiences in retail financial services. *International Journal of Bank Marketing, 22*(7), 522–539.

OCDE. (2014). Renewables Information 2015. *Estudios económicos OCDE*. IEA.

Olabarrieta. (2013). El capital riesgo como instrumento de financiación de la empresa española. In *VII Curso de Alta Especialización en Fiscalidad Financiera* (pp. 123–138). Escuela de la Hacienda Pública del Ins tituto de Estudios Fiscales.

Oliveira Da Silva Fragata, A. i Muñoz-Gallego, P. (2010). The importance of perceived service quality in banking loyalty for large business. *Pecvnia, Monográfico*. 2010 (151-164).

Oliver, R. L. (1980). A Cognitive Model of the Antecedents and Consequences of Satisfaction Decisions. *Journal of Marketing Research, XVII*(November), 460–470.

Oliver, R. L. (1999). Whence Consumer Loyalty? *Journal of Marketing, 63*, 33.

Ongena, S. R. G., i Smith, D. C. (1998). Bank Relationships: A Review. *SSRN Electronic Journal*, (December).

Ongena, S., i Smith, D. C. (2000). What Determines the Number of Bank Relationships? Cross-Country Evidence. *Journal of Financial Intermediation*, *9*(1), 26–56.

Paas, L. (2009). Acquisition pattern analysis for evolutionary database marketing. *The Service Industries Journal*, *29*(6), 805–812.

Palmatier, R. W., Dant, R. P., Grewal, D., i Evans, K. R. (2006). Factors Influencing the Effectiveness of Relationship Marketing: *Journal of Marketing*, *70*(October), 136–153.

Pernías Solera, S. (2015). Crónica de la crisis económico-financiera (2007-2013). *Revista de Derecho de La Unión Europea*, *28*(enero-junio), 25–58.

Pessemier, E. A. (1957). A New Way To Determine Buying Decisions. *Journal of Marketing*. (October), (41-46).

Peterson, R. (1994). A meta-analysis of Cronbach's coefficient alpha. *Journal of Consumer Research*, *21*(2), 381–391.

Pimec. (2013). Anuari de la PIME catalana 2013, 2007–2011. Barcelona.

PWC Servicio de estudios. (2013). ¿Qué alternativas tengo a la financiación bancaria? *Temas candentes de los Mercados de Capitales para 2013*. PwC España.

Regan, W. (1963). The Service Revolution. *Journal of Marketing*, *27*(July (3)), 57–62.

Reichheld, F. (1993). Loyalty-based management. *Harvard Business Review*, *71*(2), 64–73.

Reichheld, F. F. (2000). E-customer loyalty - applying the traditional rules of business for online. *European Business Journal*. *12*(4), 173–180.

Reichheld, F; Markey, R; Hopton, C. (2000). The loyalty effect - the relationship between loyalty and profits. *European Business Journal*, *12*(3), 134–139.

Reinartz, W., Thomas, J. S., i Bascoul, G. (2008). Investigating cross-buying and customer loyalty. *Jounal of Interactive Marketing*, *22*(1), 5–21. doi:10.1002/dir

Santesmases, M. (2011). *Marketing. Conceptos y estrategias* (6 Ed.). Pirámide.

Setó-Pamies, D. (2012). Customer loyalty to service providers: examining the role of service quality, customer satisfaction and trust. *Total Quality Management & Business Excellence*, *23*(11-12), 1257–1271.

Shankar, V., Smith, A. K., i Rangaswamy, A. (2003). Customer satisfaction and loyalty in online and offline environments. *International Journal of Research in Marketing*, *20*(2), 153–175.

Shee, P. S. B., i Abratt, R. (1989). A new approach to the corporate image management process. *Journal of Marketing Management*, *5*(1), 63–76.

Smith, M., i Dikolli, S. (1995). Customer profitability analysis:: an activity-based costing approach. *Managerial Auditing Journal*, *10*(7), 3–7.

Soley, J. (2011). L'eterna i complexa relació entre banca i empresa. *Revista de Comptabilitat I Direcció*, *12*, 33–54.

Tajadura, C. (2015). El sistema financiero español tras la crisis : menor en tamaño , más seguro y menos rentable. *Análisis Financiero*, (127), 1–19.

Tam, J. L. M. (2007). Managing customer expectations in financial services: Opportunities and challenges. *Journal of Financial Services Marketing*, *11*(4), 281–289.

Theron, E., Terblanche, N., i Boshoff, C. (2011). The Antecedents of Trust in Business-to-Business Financial Services. *Journal of Business-to-Business Marketing*, *18*(2), 188–213.

Turnbull, P. W., i Gibbs, M. L. (1987a). Marketing Bank Services to Corporate Customers: The Importance of Relationships. *International Journal of Bank Marketing*, *5*(1), 19–26.

Turnbull, P. W., i Gibbs, M. L. (1987b). Marketing Bank Services to Corporate Customers: The Importance of Relationships. *International Journal of Bank Marketing*, *5*(1), 19–26.

Tyler, K., i Stanley, E. (1999a). Marketing financial services to businesses: a critical review and research agenda. *International Journal of Bank Marketing*, *17*(3), 98–115.

Tyler, K., i Stanley, E. (1999b). UK bank-corporate relationships: large corporates' expectations of service. *International Journal of Bank Marketing*, *17*(4), 158–172.

Tyler, K., i Stanley, E. (2007). The role of trust in financial services business relationships. *Journal of Services Marketing*, *21*(5), 334–344.

Uchida, H., Udell, G., i Watanabe, W. (2008). Bank size and lending relationships in Japan☆. *Journal of the Japanese and International Economies*, *22*(2), 242–267.

V.V.A.A. (2006). *Banca relacional y capital social en España Competencia y confianza*. Fundación BBVA.

V.V.A.A. (2012). *Crisis y fractura social en Europa. Causas y efectos en España*. Fundación BBVA.

Vegholm, F. (2011). Relationship marketing and the management of corporate image in the bank-SME relationship. *Management Research Review*, *34*(3), 325–336.

Veloutsou, C., Daskou, S., i Daskou, a. (2004). Are the determinants of bank loyalty brand specific?, *9*, 113–126.

Wang, C.-Y., Cheng, H.-L., i Chang, Y.-H. (2012). A Question of Loyalty: Bank-Firm Relationships in Taiwan. *Emerging Markets Finance and Trade, 48*(3), 190–201.

Wardrop, R., Zhang, B., Rau, R., i Gray, M. (2015). The European Alternative Finance Benchmarking Report. *Moving Mainstream*. University of Cambridge.

Wentzel, D., Tomczak, T., i Henkel, S. (2014). Can Friends Also Become Customers? The Impact of Employee Referral Programs on Referral Likelihood. *Journal of Service Research, 17*(2), 119–133.

White, L., i Yanamandram, V. (2004). Why customers stay: reasons and consequences of inertia in financial services. *Managing Service Quality, 14*(2/3), 183–194.

Worcester, R. M. (1997). Managing the image of your bank: the glue that binds. *International Journal of Bank Marketing, 15*(5), 146–152.

Yang, Y., Wang, C., i Lai, M. (2012). Using Bibliometric Analysis to Explore Research Trend of Electronic Word-of-Mouth from 1999 to 2011 eWOM Articles, *3*(4).

Yavas, U., Babakus, E., Deitz, G. D., i Jha, S. (2014). Correlates of customer loyalty to financial institutions: a case study. *Journal of Consumer Marketing, 31*(3), 218–227.

Zeithaml, V. (1981). *How consumer evaluation processes differ between goods and services*. Chicago, IL: American Marketing Association.

Zubeldia, A. M., i Lertxundi, A. L. (2011). Análisis del Impacto de la Crisis sobre el Racionamiento de Crédito de las Pyme en España. *Anales de Estudios Económicos Y Empresariales, XXI*, 59–73.

FSC
www.fsc.org
MIX
Papier | Fördert
gute Waldnutzung
FSC® C083411

Kolibri 360 GmbH
Ferdinand-Jühlke-Straße 7
99095 Erfurt, Deutschland
produktsicherheit@kolibri360.de

Druck:
CPI Druckdienstleistungen GmbH
im Auftrag der
Kolibri 360 GmbH
Ferdinand-Jühlke-Str. 7
99095 Erfurt